Maite Kelly | Anselm Grün

WEIHNACHTEN FÜR ALLE

Maite Kelly | Anselm Grün

WEIHNACHTEN FÜR ALLE

#trotzallemWeihnachten

Mit Simon Biallowons

HERDER

FREIBURG · BASEL · WIEN

MIX
Papier aus verantwortungsvollen Quellen
FSC® C014496

Als deutsche Bibelübersetzung ist zugrunde gelegt:

Die Bibel. Die Heilige Schrift
des Alten und Neuen Bundes.
Vollständige deutschsprachige Ausgabe
DIE BIBEL

www.herder.de
Umschlaggestaltung: Verlag Herder
Umschlagfotos: © Jasmin Carla Pohlmann; Sarah Hornschuh © Verlag Herder
Umschlagmotiv: Sonias drawings / shutterstock; aleksandarvelasevic /gettyimages

Satz: Daniel Förster, Belgern
Herstellung: GGP Media GmbH Pößneck
Printed in Germany

ISBN Print 978-3-451-03302-5
ISBN E-Book 978-3-451-82344-2

Für meine Mama Ursula, die zur Risikogruppe gehört: Abstand müssen wir halten aus Liebe zu Dir. Ich freue mich auf die Umarmungen, die wir hoffentlich bald wieder austauschen können.

Maite Kelly

Lieber Leser, liebe Leserin! Ihnen, die Sie in diesem Jahr unter veränderten Bedingungen Weihnachten feiern, wünsche ich ein gesegnetes Weihnachtsfest, ein Fest, an dem Sie trotz allem inneren Frieden spüren und auch die Freude darüber, dass Gottes Liebe von dem Kind in der Krippe auch in Ihr Herz strömt.

P. Anselm Grün

Inhalt

Ist Weihnachten noch zu retten?

Simon Biallowons

Um mich herum ist es gespenstig still. Von Zeit zu Zeit ein Räuspern, dumpf, und ab und zu eine Stimme, blechern und noch dumpfer, vor allem, wenn die Wörter englisch werden. Als hätte man den Kopf unter einer dicken Mütze und in dichtem Schneeflockenwirbel, der um diese Jahreszeit typisch war, früher. Früher ... Dieses Früher wirkt so unendlich weit weg, und das liegt nicht nur daran, dass es nicht schneidend kalt ist, sondern spätherbstlich warm. Es liegt auch daran, dass dieses Jahr nicht nur der Schnee ausbleiben wird, sondern auch das Fest, das wir damit verbinden: Weihnachten. Unser Lieblingsfest.

Lieblingsfest, das hätte ich einige Monate vor dieser Zugfahrt höchstens süffisant beschrieben und mit ostentativem Abstand. Seit Langem habe ich den Weihnachtsmuffel nach außen kultiviert, die moderne Mittdreißiger-

Variante vom Grinch halt. Coole-Jungs-Attitüde, da wird man nicht besinnlich, und Geborgenheit ist etwas für Kleinkinder oder Mädchen. Geschenke, klar; gutes Essen sowieso, Gottesdienst durchaus – wenn keine Sozialpredigten vorkommen. Aber Weihnachtsromantik, also bitte! Weihnachtsromantik fühle ich auch ehrlicherweise noch immer nicht, als ich in dieser gespenstigen Stille sitze, die man aus Zügen eigentlich nur spät in der dunklen Nacht kennt. Jetzt allerdings ist es heller Vormittag und die Abteile platzen vor Menschen, die Anzüge tragen, mit dem Handy verwachsen scheinen, Butterbrote den Kindern reichen, in ihrer Kopfhörerwelt versunken sind, im Bordrestaurant vor sich hin trinken, essen, starren. Platzen sie normalerweise, heute nicht. Nicht in Corona-Tagen, die alles etwas surreal machen, maskenhaft dumpf und verzerrt, und die dieses Früher weggeschoben haben – auch Weihnachten, einerseits. Andererseits habe ich noch nie so viele Menschen, Christen wie Nicht-Christen, schon Wochen vorher über dieses Fest sprechen hören. Und zwar nicht über die Geschenke oder das Essen, was übrigens völlig okay wäre. Nein, über das Fest an sich: Ob es stattfinden kann und, wenn ja, wie. Ob wir zusammen feiern können oder allein sind, teilweise sogar einsam. Wir durften nicht in Sommerurlaub, arbeiten seit Monaten im Home-Office, und Restaurant-Essen gibt es nur noch als Lieferdienst. Und jetzt ist auch noch Weihnachten dran? Egal, ob man damit Christi Geburt verbindet oder das lang ersehnte Wiedersehen mit der Mutter oder dem Bruder – um Weihnachten sorgen wir uns plötzlich.

An dem Dienstag vor der Reise im Zug bin ich joggen, habe die frische Luft des Englischen Gartens in der Nase und einen Freund im Ohr. Er ist weder Weihnachtsromantiker noch Christ, aber auch kein Weihnachtsgrinch, und er schnarrt irgendwann so lapidar dahin: »Du, ich glaube, Weihnachten fällt dieses Jahr aus. Also so, wie wir es kennen.« Pause. »Mei, das wird mir schon fehlen. Aber was soll man machen?«

Die Kilometer zurück renne ich mit der Lauf-App und den Gedanken um die Wette. Ja, genau, was soll man denn machen? Was können wir machen? Zwei Tage darauf ein Telefonat mit meinem Verleger, wir haben vor wenigen Monaten einen Bestseller veröffentlicht, der genau die Situation beschrieben hat, »Quarantäne« von Anselm Grün. Pater Anselm hat darin aus der mehr als 1500 Jahre langen Erfahrung des Benediktinerordens heraus praktische Tipps gegeben, wie das Zusammenleben im Lockdown gelingen kann. Die Reaktionen waren überwältigend und ich denke: Nähe, Distanz und Rituale – all das wird jetzt an Weihnachten besonders wichtig! Einfach das Buch updaten, eine Weihnachts-Edition sozusagen? Zu wenig. Eine zweite Erfahrungswelt scheint wichtig, gerade für Weihnachten, aber auch den Advent. Wieder ein Telefonat, Donnerstagnachmittag, diesmal mit Manfred Lütz. Und wieder keine zwanzig Stunden später beginnt die Zugfahrt, die Zugfahrt zu Maite Kelly – denn wenn sich jemand mit Familie, Großfamilie, der Situation einer alleinerziehenden Mutter auskennt, dann sie. Die ganze Aktion spontan, weil sowohl Maite Kelly als auch Pater Anselm der Gedanke antreibt: Wie retten wir wirklich alle gemeinsam Weihnachten? Wie können diese Tage in Zeiten, in denen keiner Bock auf Feiern hat, trotzdem ein Fest sein? Ein Fest, das wir brauchen, besonders jetzt. Das uns zusammenbringt, selbst wenn wir nicht beieinander sein dürfen. Das uns Geborgenheit schenkt, eine Geborgenheit, die auch Mittdreißiger-Weihnachtsgrinche eigentlich lieben, auch wenn sie es nie zugeben würden. Ein Fest, das uns festhält – und das wir festhalten wollen. An dem sogar ein wenig Kitsch erlaubt ist, weil er guttut.

Mit Pater Anselm hatte ich schon während des Quarantäne-Buches über viele Themen, die jetzt aktuell sind und die für das Festhalten von Weihnachten wirklich weiterhelfen, gesprochen. Vier Texte aus diesem Buch sind auch hier versammelt, verändert und aktualisiert mit Blick auf Weihnachten generell und speziell dieses Jahr, einfach weil die Gedanken in diesen Texten so wertvoll und hilfreich sind und zu der Situation exakt passen. Der weitaus größere Teil allerdings entsteht in Gespräche mit Pater Anselm und Maite, mit vielen überraschenden Wendungen und Facetten. In diesen Gesprächen und beim Schreiben beginnt bereits das, was beide nachher als Vorbereitung auf Weihnachten, auf ein Wachsen in die Freude hinein, beschreiben werden.

Das erste Gespräch bei Maite beginnt mit Kaffee und Gebet danach, ganz einfach. »Keep it simple«, sagt sie dazu und lacht. Ich weiß da noch nicht, dass »Keep it simple« mein Blick auf dieses Weihnachten verändern wird. Nach dem Gebet unterhalten wir uns, völlig andere Perspektiven tun sich auf. Über Geduld und Obedience sprechen wir plötzlich, Gehorsam also, und warum das in Corona-Zeiten wichtig ist, für die Gesellschaft, aber eben auch Weihnachten. Maite hasst Geduld und ich Obedience – und jetzt? Auf Deutsch und Englisch, durch Lachen und Schweigen nähern wir uns dem an, wie Weihnachten vielleicht wirklich zu retten ist: »Keep it simple« und »Back to the basics«. Beides vereint Maite Kellys und Pater Anselms Erfahrungen und beides drücken sie authentisch, unkompliziert und vor allem konkret und praktisch aus. Ich denke immer wieder: Mensch, dass musst ich mit meiner Freundin und unseren Jungs auch ausprobieren! Oder: Stimmt, diese Erfahrungen habe ich in meiner Familie mit meinen Eltern und den drei Brüdern auch so gemacht.

Und noch etwas finde ich ungemein spannend und faszinierend, wenn ich an die vielen Freunde und Bekannten denke, die nichts (mehr) mit Kirche oder auch Glaube am Hut haben: Die Gedanken von Pater Anselm und Maite Kelly drehen sich natürlich auch um die christliche Weihnachtsbotschaft. Doch die basics und das simple, das reicht weit darüber hinaus, ist hilfreich für Christen und Nicht-Christen, für Singles und Familien und WGs. Es reicht wirklich bis zu dem, was der Titel dieses Buches beschreibt: »Weihnachten für alle!«

Alte und neu: Hitlist für Weihnachten – und unser Leben

Anselm Grün

Es gibt immer wieder Zeiten und Momente in unserem Leben, in der wir sprichwörtlich aus der Bahn geworfen werden, aus unserer Lebens-Fahrspur geraten sind. Normalerweise ist unser Alltag heute so durchgetaktet, dass wenig Raum für Überraschungen bleibt. Wir sprechen davon, dass jemand »gut durchstrukturiert« ist, also gut organisiert. Doch wer hätte gedacht, dass ein Virus, dass irgendwo in China seine Reise um die Welt begang, uns so aus der Bahn werden könnte. So sehr, dass wir keine Voraussagen treffen können, dass viele Menschen das Fest, das für Gemeinschaft, Traditionen und Bräuche wie kein anderes steht, für Nichtchristen wie Christen, dass dieses Fest Weihnachten auf einmal gefühlt eine Blackbox ist.

In diesen Tagen spüren wir wie strukturiert – und dabei oft fremdbestimmt – wir eigentlich wirklich leben. Wir müssen erfahren, dass unser Leben plötzlich nicht mehr strukturiert und geordnet ist. All das, was dem Alltag vorher Struktur und Form gegeben hat, bricht weg. Die Menschen, die wir vorher getroffen haben, können wir nicht mehr treffen. Die Orte, die uns Kraft und Freude gaben, können wir nicht mehr besuchen. Die Unternehmungen, die wir vorher voller Neugierde und Elan angegangen sind, die Hobbys, die uns Spaß gemacht haben, sind erst einmal eingefroren. Vieles, was unserem Leben Rhythmus gibt, steht still. Und wenn wir aus unserem Rhythmus sind, werden wir unruhig und friedliches Zusammenleben zuhause wird unmöglich. Wenn also diese Lebens-Strukturen wegbrechen, merken wir auf einmal, wie wichtig Strukturen für uns sind. Wir brauchen in unserem Alltag Geländer, an denen wir uns orientieren und festhalten können, die uns Sicherheit geben und Halt. Ganz besonders brauchen wir solch ein Gelände jetzt – wir brauchen neue Rituale.

Wort Ritus oder Ritual kommt aus dem Griechischen, es kommt von »arithmos«, was im Deutschen »Zahl« bedeutet. Ritual ist also das Abgezählte. Die indische Wurzel wiederum »rtáh« drückt eine andere wichtige Dimension aus, es bedeutet so viel wie: »angemessen, stimmig«. Rituale vollziehen also etwas, das dem Menschen und seinem Lebensrhythmus angemessen ist, das recht und richtig für ihn ist. Das ist wichtig: Denn die Suche nach Ritualen soll nicht zu einem Leistungsdruck ausarten. In einer Stresssituation, in der viele sich befinden könnten, wäre gerade das kontraproduktiv. Es geht darum, in Freiheit seine eigenen Rituale zu finden, die zu einem passen, die stimmig sind für den Charakter, die Lebensumstände oder auch die Ziele. Nicht jedes Ritual ist für jeden geeignet. Nehmen Sie sich ruhig die Freiheit, ein Ritual anders zu gestalten, damit es für Sie stimmig ist. Auch die konkreten Vorschläge hier sollen inspirieren, um selbst die Rituale zu finden, die zu Ihnen, Ihrem Umfeld und Ihrer Situation passen.

Rituale, so könnte man es auch bildlich ausdrücken, sind Geländer für die Seele. In Zeiten, in denen wir unsere Gewohnheiten verlieren, in Zeiten wie jetzt, aber auch generell in Umbruchzeiten, sind Gewohnheiten enorm wichtig. Sie strukturieren unser Leben im Ganzen und unseren Tagesablauf im Kleinen. Es geht um Alltagsrituale, um Rituale in der Arbeit und der Beziehung, im Sport und bei der Freizeit – gerade dann, wenn alles im Umbruch ist und wir geliebte Gewohnheiten nicht ausüben können. Das Wunderbare ist, dass wir in all den Lebensbereichen, die trotz Quarantäne oder Isolation weiter Bedeutung haben, die wichtig für unser Gesundheit und Zufriedenheit sind, neue Rituale erfinden können. Das kann neue Kreativität wecken, das kann ungeahnte Potenziale in uns aufschließen. Neue Rituale kann auch neue Saiten in uns zum Klingen und Schwingen bringen.

In einem anderen Buch habe ich einmal es so formuliert: »Rituale öffnen den Himmel über unserem Leben.« Damit meine ich, dass Rituale einerseits Gewohnheiten sind, die unserem Alltag Struktur geben, die aber andererseits auch mehr sind als Routineverhalten. Viele Rituale haben von ihrem Ursprung her eine religiöse Wurzel, sie wollen den Himmel über unserem Leben öffnen. Sie zeigen, dass unsere tiefste Sehnsucht dahin strebt, diese Welt zu übersteigen auf das Geheimnis Gottes hin. Rituale bringen mitten im Alltag den Himmel auf die Erde.

Rituale, das meine ich mit diesem Bild, sind einerseits mehr als nur Routine und können uns eine innerliche Weite geben, uns erfüllen, weil wir uns auf etwas anderes ausrichten. Zugleich sind sie auch »Erde«, also sehr konkret und alltagstauglich.

Für Familien beispielsweise geben vor allem Schule und Arbeit die Struktur eines Tages vor. Aufstehen, Frühstücken und eine Brotzeit für die Pause einpacken, zur Schule fahren. Unterricht, Hausaufgabenzeit, dann vielleicht Fußballtraining, Klavierunterricht oder Theaterkurs. Am Abend kommen die Eltern heim, vielleicht ein gemeinsames Abendessen, oft aber auch nicht, Hobbys pflegen, vor allem dann, wenn der Vater oder die Mutter noch bis spät in die Nacht im Büro ist. Vieles davon ist jetzt anders. Eigentlich müsste man ja gar nicht mehr aufstehen und könnte bis spät aufbleiben. Hausaufgaben gibt es, aber keine festen Unterrichtszeiten, die mit ihren 45 Minuten selbst ein sehr strukturierendes Element sind. Theoretisch könnte man auch den Pyjama oder Jogginganzug den gesamten Tag über tragen, sieht doch keiner. Doch dadurch verliert der Tag seine Griffigkeit. Die Zeit rinnt uns durch unsere Hände, wir haben keine Anhaltspunkte mehr. Solche Tage können auch einmal schön und erholsam sein. Aber nur ab und zu. Wird plötzlich die gesamte Woche, der ganze Monat zu einem formlosen Zeitbrei, wird das Leben geschmacklos und schal. Wir langweilen uns, haben keine Orientierung, fühlen uns noch mehr den Ereignissen draußen ausgeliefert.

Punkte und Zeiten, die unseren Tag strukturieren, zusammen mit Ritualen verhindern dagegen genau das. Vielleicht stehen die Kinder nicht um halb sieben oder sieben am Morgen auf, sondern erst um acht. Aber es wichtig, dass sie einen Morgen erleben, den Tag in mehreren Phasen, um ihn bewusst zu erleben. Wie das Jahr und das Leben hat auch jeder einzelne Tag Phasen und Abschnitte und die lassen ihn uns unterschiedlich erfahren, erleben, erfühlen. Alles zu seiner Zeit, das gilt insgesamt, und besonders jetzt. Das ist positiv, denn wir merken plötzlich: Jetzt ist eine Zeit, in der wir Dinge tun können, die vorher keinen Platz in unserem Alltag hatten, oder vermeintlich keinen Platz hatten. Die Zeit, die wir normalerweise im Bus zur Schule oder im Stau zur Arbeit verbringen, kann auch ihren Wert und Zauber haben: Radiohören, Kartenspielen mit Schulkameraden, die Stadt beim Erwachen betrachten. Dafür ist jetzt keine Zeit – aber dafür für etwas anderes. Sport machen vor dem Frühstück, weil man den Weg zur Arbeit oder Schule spart, und trotzdem dann ans Werk geht. Eine halbe Stunde im Bett noch lesen oder Podcast hören, herrlich. Nach den Hausaufgaben und vor dem Essen etwas spielen gemeinsam als Familie oder mit dem Partner, wenn normalerweise noch andere Aufgaben anstehen. Wir können uns vornehmen, jeden Tag um elf am Vormittag eine Person anzurufen, die wir schon lange nicht mehr gesprochen haben. Das alles schafft Struktur und gibt dem Tag Form – Formlosigkeit dagegen tut besonders jungen Menschen nicht gut.

Es gibt natürlich zahlreiche religiöse Rituale, die gerade jetzt wirken können. Rituale können entschleunigen und dabei helfen, uns selbst und die Wirklichkeit bewusster und achtsamer wahrzunehmen. In der Hektik des Alltags tut das unglaublich gut – doch auch in der Langsamkeit des Ausnahmezustands ist es besonders wichtig. Denn viele von uns werden zwar äußerlich langsamer werden, weil wir weniger unterwegs sind. Innerlich aber besteht die Gefahr, von Katastrophenmeldung zu Katastrophenmeldung zu springen, die Atemlosigkeit der Krise zur eigenen Kurzatmigkeit werden zu lassen. Sich jetzt zum Beispiel jeden Tag zehn Minuten Zeit zu nehmen, um bewusst und langsam zu atmen, jeden Tag nur kurz, aber jeden Tag, das kann uns den langen Atem geben, den wir für Umbrüche und Krisen bleiben. Die Quarantäne können wir nutzen, um wieder einmal tief Luft zu holen; der Psychologe Heiko Ernst hat einmal gesagt: Im Ritual »kommt die Welt für eine Zeit lang zur Ruhe und wir in ihr«. Das ist, was wir Mönche »heilige Zeit« nennen, die uns an die Sabbatruhe erinnert. Die heilige Zeit kennt keinen Termindruck. Da herrscht nicht »chronos«, die gemessene Zeit, die Zeit des Taktstocks, die sich nach dem Chronometer richtet und die mich – nach dem antiken Mythos – verschlingen möchte. Heilig ist das, was der Welt entzogen ist, worüber die Welt keine Macht hat. Die heilige Zeit ist also die Zeit, die ganz uns gehört und die Gott gehört. Die Griechen sagen: nur das Heilige vermag zu heilen. Die heilige Zeit ist daher immer auch eine heilsame Zeit. In der heiligen Zeit, da bin ich in der Ruhe und die Ruhe ist in mir. Da habe ich teil an der Sabbatruhe. Da kann ich mit Gott sagen: »Es ist alles gut.« Im Ritual komme ich mit mir in Berührung, komme ich in Einklang mit mir selbst. Da höre ich auf, mich zu bewerten. Rituale sind ein Moment der Gnade, ein »kairos«: angenehme Zeit, geschenkte Zeit, die ich genießen und in vollen Zügen auskosten kann. Ohne, dass wir Isolation oder Quarantäne bagatellisieren, denn die Konsequenzen sind deutlich und schwerwiegend. Doch begreifen wir diese Zeit weniger als »chronos«, sondern als »kairos«, so werden wir besser damit umgehen und sie in manchen Facetten gar als Bereicherung und Erfüllung erfahren.

Die festen Strukturen und Rituale, die jetzt so wichtig sind, können übrigens diese Ausnahmezeit auch überdauern. Sicher, vieles wird, wenn der Alltag wieder eingekehrt ist, alltäglich, wird weniger »kairos« und wieder mehr »chronos«. Doch vielleicht finden wir eine Gewohnheit, ein Ritual, das wir gemeinsam mit anderen haben. So wichtig das individuelle Ritual ist, so wichtig ist auch das gemeinsame. Denn das Verknüpfen mit anderen Strukturen ist das, was Gemeinschaft stiftet, das Beziehung schenkt, das uns teilhaben lässt am Leben anderer. Rituale sind Beziehungsstifter – gerade jetzt, wo manche ganz allein zuhause sitzen, sind solche Rituale besonders essenziell. Das kann das Wissen sein, gemeinsam im Gebet vereint zu sein. Aber auch ganz unreligiöse Rituale schaffen Beziehung und verscheuchen die Einsamkeit, die jetzt eine besondere Gefahr darstellt. Viele Singles müssen möglicherweise allein daheim sein, soziale Kontakte werden weniger, man fühlt sich der Welt und der Einsamkeit ausgeliefert. Was aber wäre, wenn wir jeden Abend wie die Italiener oder Spanier draußen auf den Terrassen und Balkonen singen oder rufen. Wir unterstützen die, denen diese Gesänge und Rufe gelten, zeigen ihnen, dass wir bei ihnen sind und ihnen danken. Zugleich stimmen wir ein in ein »weltliches Chorgebet«, das uns vereint und Gemeinsamkeit schafft. Oder wir verabreden uns mit Freunden für eine halbe Stunde zu einem Videospiel zusammen oder ein Gruppenchat: Die digitalen Möglichkeiten lassen das zu. Wobei wir das analoge Leben zuhause deswegen gerade nicht vernachlässigen und uns in die Virtualität allein flüchten sollten. Wir können vor dem Abendessen wieder einmal beten. Oder auch nur immer abwechselnd aus unserem Buch vorlesen, um die anderen an dem, was uns bewegt, teilhaben zu lassen. Sich ein Tischthema heraussuchen, das nichts mit Corona oder Krise zu tun hat – oder auch für die Zeit danach mit anderen Themen. So öffnen uns Rituale für das, was uns bewegt, uns gegenüber und anderen gegenüber und lassen uns die Enge, die wir manchmal verspüren, überwinden. Und: Durch diese Gemeinsamkeiten kann Gemeinschaft entstehen und das ist für friedliches Zusammenleben zu Hause entscheidend.

Strukturen können innerlich sein und äußerlich, beide geben sie Form: Wir können uns einen konkreten Plan machen, wenn wir Familie haben, was unseren Morgen, unseren Vormittag und Nachmittag, und unseren Abend strukturiert. Was sind Abläufe, die wir brauchen und die uns guttun? Wann stehen wir auf und wann gehen wir ins Bett? Beginnen wir den Tag mit einem

Moment der Stille, einem Gebet, unserem Lieblingsmusikstück oder Gymnastik? Frühstücken wir gemeinsam oder jeder hastig vor dem Fernseher oder seinem Laptop? Treiben wir danach Sport, im Rahmen dessen, was möglich ist? Schreiben wir am Nachmittag etwas oder spielen vor dem Abendessen? Dabei sollten wir als Eltern auch auf die Jüngeren hören und umgekehrt. Der heilige Benedikt schreibt im dritten Kapitel seiner Regel dezidiert: »Sooft etwas Wichtiges im Kloster zu behandeln ist, soll der Abt die ganze Gemeinschaft zusammenrufen und selbst darlegen, worum es geht. Er soll den Rat der Brüder anhören und dann mit sich selbst zu Rate gehen. Was er für zuträglicher hält, das tue er. Dass aber alle zur Beratung zu rufen seien, haben wir deshalb gesagt, weil der Herr oft einem Jüngeren offenbart, was das Bessere ist.« Vielleicht entsteht so sogar eine neue »Beratungskultur« in unseren Beziehungen oder Familien, in der wir mehr auf das hören, was Kinder, Eltern, Partner oder Großeltern meinen, wünschen – oder auch fürchten. Entscheiden werden am Ende sicherlich meistens die Eltern. Doch wie Benedikt sagt: Der Herr offenbart oft einem Jüngeren, was das Bessere ist.

Solche Gewohnheiten, Rituale und Strukturen sind für das Zusammenleben in jeder Gemeinschaft hilfreich, weil sie der Gemeinschaft einen gemeinsamen Rhythmus geben. Der Mensch hat einen Biorhythmus und deshalb ist es sinnvoll zu überlegen, wann wir Sport machen, wann wir lesen, wann wir vielleicht eine Pause machen, besonders in Zeiten, die scheinbar komplett offen und unstrukturiert sind. C.G. Jung sagt, dass, wer im Rhythmus arbeitet, effektiver und nachhaltiger arbeiten kann, deshalb sollten wir unseren eigenen Rhythmus finden und ihn, wenn nötig, neu einüben. Zugleich aber gibt es auch einen Rhythmus der Gemeinschaft, bei dem alle Mitglieder gemeinsam sich einschwingen, der Abstimmung braucht, das Hören auf den anderen, das Spüren. Wer einen gemeinsamen Rhythmus hat, der ist in Harmonie, mit sich selbst und mit den anderen. Zusammenleben muss nicht immer harmonisch in einem kitschigen, übertriebenen Sinne sein, schon gar nicht jetzt. Doch ein Rhythmus, der verbindet, verhindert, dass alles in Einzelteile zerfällt und jeder nur für sich ein Einzeltakt ist.

Einen gemeinsamen Rhythmus aufzubauen, kann allerdings auch anstrengend sein. Und man sollte sich auch nicht überfordern. Wir müssen nicht auf einmal glauben, dass unsere Lebensgeschwindigkeiten in allen Situationen gleich sind. Der eine braucht etwas länger im Bad, die andere beim Aufstehen, mancher zelebriert das Kaffeetrinken – es gibt verschiedene Geschwindigkeiten und das ist gut so. Wir brauchen kein schlechtes Gewissen zu haben, wenn manche Rhythmen anders sind, solange Grundrhythmen vorhanden sind. Ein

Beispiel: Jetzt könnte die Zeit sein, wieder gemeinsam eine echte Mahl-Zeit zu haben. Zusammen zu essen, dabei zu sprechen, sich zu unterhalten, nicht nur über das, was in der Arbeit war, weil vielleicht in der Arbeit gerade wenig los ist. Die Gespräche werden sich von vielem, was wir bislang immer im Zentrum wähnten, entfernen, einfach, weil viele Gesprächsthemen sich ändern. Bei der Mahl-Zeit kann das bereichernd sein – zugleich müssen wir uns auch nicht zwingen, wenn wir merken, dass beispielsweise unsere Tempi nicht völlig gleich sind. Nicht, dass man den Teller herunterschlingt und sofort aufspringt, das nicht. Doch sich gewaltsam zu zwingen, wenn beispielsweise der Jüngste mal wieder länger braucht oder der Vater unbedingt Kaffee oder Käse als Dessert möchte – das ist nicht mit Leben im Einklang gemeint. Bei uns im Kloster gehört es dazu, dass wir versuchen, die Mahlzeit gemeinsam zu beschließen. Es kann sein, dass ältere Mitbrüder vielleicht langsamer essen, doch dann ist es gut, da zu sein, auch wenn ich Ungeduld verspüre. Ich muss mir vorher vornehmen, wie lange ich Zeit habe, um mich ganz darauf einzulassen. Doch es muss ein Mittelmaß sein und zwar eines, das ich vorher verinnerlicht habe. Die ganze Zeit auf glühenden Kohlen zu sitzen oder irgendwann wutschnaubend aufzustehen, das bringt keinem etwas. Für sich eine Zeit zu definieren, die wir gemeinsam verbringen, und die ich genieße, das führt zu Stimmigkeit.

Der Rhythmus, der persönliche wie der einer Gemeinschaft, sollte immer mit Augenmaß und einem Gefühl für die Umgebung und Umstände betrachtet und gelebt werden. Es geht nicht um Beliebigkeit, manche Gewohnheiten muss man sich auch erst antrainieren. Doch man sollte auch nicht an Gewohnheiten festhalten, wenn sie das Leben behindern und den Rhythmus stören. Wir in unserem Kloster haben zum Beispiel lange darüber diskutiert, weil viele der Meinung waren, wir hätten am Morgen nach der Laudes zu wenig Zeit zur Meditation, zur stillen Meditation. Am Ende haben wir uns entschlossen, etwas später mit der Messe zu beginnen. Allerdings nicht, weil wir länger schlafen und später aufstehen wollten. Nein, wir stehen seitdem sogar fünf Minuten früher auf, um 4:35 am Morgen und beginnen um fünf Uhr mit dem Chorgebet. Auf diese Weise haben wir mehr Zeit vor der Eucharistie für unsere Meditation. Wir haben bei unseren Beratungen und Diskussionen über diese Änderung der Struktur, die für uns Mönche keine nebensächliche ist, gemerkt, dass es dabei nicht nur um fünf Minuten früher oder später, um ein winziges Detail im Tagesablauf geht, sondern um die ganze Gemeinschaft. Wir konnten das nicht einfach ad hoc oder von oben entscheiden, weil es unsere einzelnen Rhythmen und die unseres Klosters betraf. Das zeigt: Die Strukturen und Rituale sind wichtig und wir müssen sie mit guten Gründen ändern, vor allem wenn wir in einer Gemeinschaft leben.

Rituale können uns in Umbrüchen und Krisen, besonders in einer globalisierten Zeit wie der unseren, in der wir erleben, wie Ereignisse, die Tausende von Kilometern entfernt von uns stattfinden und trotzdem unser Leben beeinflussen, noch etwas geben: Das Gefühl, dass wir bei uns selbst sind. Dass wir unser Leben selbst leben. Dass unsere Rituale auch unsere sind. Denn es geht, wie vorher beschrieben, nicht darum, fremde Rituale einfach zu kopieren. Deshalb sind alle Vorschläge hier Vorschläge und Angebote, die hoffentlich inspirieren und anregen. Doch Rituale müssen wir zu unseren machen und dann sind sie Ausdruck unserer Identität. Dann fühle ich, dass ich selbst lebe und nicht gelebt werde. Und dann bin ich daheim bei mir selbst. Rituale sind Ausdruck der Form meines Lebens, die Form, die ich gewählt habe. Ich forme mein Leben und es zerrinnt nicht zwischen meinen Fingern. Ich entscheide selbst, wie dieses Leben »geformt« ist und lasse mich so selbst formen. Wenn wir gerade erleben, dass so viel fremdbestimmt ist, so wenig wir scheinbar ändern können, dann sind die Änderungen und Entscheidungen, die wir mit Ritualen treffen, die wir jeden Tag wieder bestätigen, ein wunderbarer Ausdruck dessen, dass wir unser Leben leben – und nicht das Leben anderer uns. Das gilt für jeden einzelnen. Das gilt aber auch für uns als Mönchsgemeinschaft, als Partner, als Familie. Rituale geben uns Form – und halten uns in Form.

Maite Kelly

Unser Leben ist durch Routinen geprägt, die oft von außen vorgegeben werden. Als ich mit meiner Familie um die Welt zog und Musik spielte, waren es die Abfahrtszeiten in unserem Doppeldecker-Bus, die Proben für unsere Stücke, die Konzerte, Interviews oder Shows. Sie waren nicht immer exakt gleich, doch zogen sich als Schema durch unser Leben und bestimmten den Alltag. Unser eigenes Leben, das, was wir nur für uns machen wollten, mussten wir außen herumlegen. Die Struktur entstand, wir machten sie nicht – und das meine ich gar nicht negativ, auch wenn jeder von uns Augenblicke hatte, in denen er sich mehr *me time* gewünscht hätte. Heute, als alleinerziehende Mutter, gibt es für mich andere Strukturen: Schulbeginn und Ferien, Hobbys meiner Kinder, meine eigene Arbeit, die ich aber individueller gestalten kann als früher. Termine in der Öffentlichkeit, die ich mit meiner Aufgabe als Mutter vereinbaren muss. Doch plötzlich waren diese Termine durch den Lockdown für alle weg. Die Schulen geschlossen, digitaler statt Präsenzunterricht. Hobbies, bei uns Reiten, Ballett oder Eiskunstlauf, wurden auf einmal unmöglich und die öffentlichen Auftritte fielen komplett aus. Auf einmal waren die Routinen unseres Lebens als kleine Familie wie ausgewischt und keine wusste, wann sie wiederkehren würden und wie.

Diese Erfahrung haben alle Menschen gemacht und das wiederum verbindet uns. Corona hat dafür gesorgt, dass fast jeder von uns ähnliche Erlebnisse hatte, sich nämlich von seinen Routinen und Ritualen verabschieden zu müssen. Für viele von uns war es bestimmt erstaunlich zu merken, wie wichtig uns diese Wegpfeiler des Alltags sind. Wir sehr wir uns daran auch Halt finden und wie wir es genießen, nicht jeden Tag neu erfinden zu müssen. Wir spüren: So wunderbar es ist, sein Leben selbst gestalten zu dürfen, ungewohnte Sachen zu erleben, so entlastend kann es auch sein, Routinen zu haben. Es inspiriert, das merke ich als Künstlerin immer wieder, sich neu zu erfinden. Zugleich kann man Routinen liebgewinnen. In den Zeiten des Lockdowns haben wir die Routine, die vorher kein gutes Image hatte, weil sie sich nach Grau und Eintönigkeit anhört, schätzen gelernt. Das Leben wird auch durch das Grau bunt – wie ein Musikstück Wiederholungen benötigt und Stellen, an denen es langsamer zugeht.

Die Musik ist vielleicht ein gutes Beispiel dafür, wie wichtig Rituale im Sinne von Wiederholungen, von Beständigkeit sind. Woran erinnern wir uns oft am meisten bei einem guten Song? – An den Refrain! Der Refrain ist essenziell für die Wiedererkennung des Songs, für seine Identität. Und so kommt es mir auch im Leben vor: Wir sehen uns nach Überraschungen im Rhythmus, nach witzigen Strophen, nach Tiefe – und eben einem Refrain.

Weihnachten ist geprägt von Liedern, die jeder kennt. Nicht nur die »Stille Nacht«, das bekannteste Weihnachtslied weltweit, oder »Last Christmas« von Wham. Daneben kennen wir aber auch Lieder, die zum Beispiel nur in der eigenen Familie zu Weihnachten gehören, die vielleicht nicht einmal etwas mit dem Fest oder der Botschaft zu tun haben. Mit meinen Töchtern stellen wir jedes Jahr selbst eine Weihnachtsplaylist zusammen, unsere persönliche Hitliste. Meine Tochter liebt es, die Songs auszusuchen, zu denen wir gemeinsam tanzen, singen, die ganzen Weihnachtstage lang. Schon in den Tagen und Stunden vorher haben wir Spaß damit und freuen uns. Die Vorfreude auf Weihnachten, die für mich wesentlich für diese Tage ist und mit das Schönste, diese Vorfreude klingt lauter mit jedem Lied, das wir hinzufügen. Sie ist kein Vorgeschmack, sondern ein Vorhören auf die Weihnachtstage. Unsere Weihnachtshitliste ist unser eigener ganz persönlicher Weihnachtssound, den wir als Familie haben. Mit alten Bekannten, die jedes Jahr dabei sein müssen, aber auch Neuentdeckungen und Überraschungen. Weihnachten klingt jedes Jahr gleich und doch immer wieder etwas anderes. Aber nicht zu anders.

Das »Nicht zu anders« ist uns total wichtig. Gerade an Weihnachten sind Routinen integraler Bestandteil der Weihnachtstradition. Ohne sie ist es einfach nicht »unser« Weihnachten, fühlt es sich nicht echt an. Das mag auch mal spannend sein, wenn wir beispielsweise in einem anderen Land und Kulturkreis Weihnachten erleben. Doch für die meisten Menschen ist das dann vermutlich nicht das »eigene« Weihnachten. Ein geliehenes, das man vielleicht neugierig ausprobiert, von dem man sich auch faszinieren lässt, das man aber dann auch wieder eintauscht gegen sein »eigenes« Weihnachten.

Das Bild der Weihnachtsplaylist passt in diesem Zusammenhang gut. Das ganze Leben kann seine eigene Playlist sein. Nicht, dass jeder Song neu komponiert werde müsste und dass nicht auch Songs auf der Liste sind, die andere uns aufspielen. Aber wir nehmen Lieder aus der Playlist unserer Eltern, die vielleicht gar nicht mehr unser Stil sind, uns aber an früher erinnern, mixen sie mit Liedern aus Reisen voller Fernweh mit den eigenen, persönlichen Lieblingssongs. Diese Playlist ändert sich, sie klingt anders als Teenager und als Mittzwanziger, als Mutter oder Vater, als Single und natürlich auch als Rentnerin oder Witwer. Lieder wiederholen sich auf der Playlist, wir wollen das eine Lied einmal und das andere öfter hören, und es kommt immer auch auf den Moment an. Die Playlist unseres Lebens lebt von Wiederholungen und davon, dass wir sie ändern und neue Stücke hinzufügen. Sie ist ein wunderbares Bild für den Zusammenhang von Ritualen und Routinen, von Wechsel und Beständigkeit, von unterschiedlichen Geschwindigkeiten und Tempi.

Corona hat die Playlist unseres Lebens, zumindest bei den meisten Menschen, verändert. Es sind plötzlich viel mehr Pausen zwischen den Stücken, Stille, die viele von uns so nicht kennen. Anderer Lieder scheinen von der Tonspur gelöscht und es geht für uns darum, neue Lieder aufzuspielen und auch die Zeiten der Stille anzunehmen. Die Krise als Chance, das ist so oft bemüht worden und ich habe zu großen Respekt vor dem Leid, das viele Menschen erfahren haben in dieser Krise, als dass ich es leichtfertig benutzen würde. Zugleich wird unsere Playlist nach Corona sehr wahrscheinlich anders klingen. Nicht zu anders, werden viele von uns denken und auf die Rückkehr alter Lieder hoffen. Doch gerade jetzt an Weihnachten werden wir spüren, wie anders der Sound unseres Lebens derzeit klingt, und das wird lange nachhallen. Ich glaube, dass es in diesem Jahr umso wichtiger ist, die Offenheit zu haben, neue Weihnachtsrituale zu finden, und noch mehr, die alten zu pflegen. Manche, wie der gemeinsame Weihnachtsspaziergang, der Glühwein mit Freunden am Abend zuvor, die Mitternachtsmesse mit der gesamten Familie, das Essen in Restaurants am zweiten Feiertag, die werden nicht möglich sein. Andere sollten wir ausgerechnet jetzt nicht ändern. Vielleicht ist der traditionelle Weihnachtsbraten besonders in diesem Jahr wichtig. Und sei es, dass wir ihn jeweils im kleinen Kreis vorbereiten, aber zusammen um die gleiche Zeit essen, uns Fotos davon schicken oder sogar eine Videokonferenz machen. Das wird nicht das

Gleiche sein. Doch es ist eine Möglichkeit, einem Ritual, das unser Weihnachten ausmacht, zumindest nachzuspüren. Weihnachten wird anders und das müssen wir annehmen. Doch wir haben Möglichkeiten, es nicht zu anders werden zu lassen.

Ich erinnere mich gut an ein Weihnachtsfest, bei dem mir an einem ganz einfachen Beispiel klar wurde, wie wichtig selbst kleine Traditionen sein können. Es ist schon einige Jahre her und damals war unser ganzer Familien- und Freundeskreis im Wokfieber. Jeder wollte nur noch woken, und so beschlossen wir, das auch an Weihnachten zu machen. Es war vorzüglich, doch man konnte wirklich bei jedem spüren: Es schmeckte, aber nicht nach unserem Weihnachten, nicht nach Weihnachten generell, zumindest für uns nicht. Kein Hit, ein Flop. Für uns schmeckt Weihnachten eben nach Braten mit Füllung mit Apfelsauerkraut und so darf es auch sein – in diesem Jahr wird es bei uns sicher kein Wokgericht geben ...

In meiner Kindheit hat es den Geschmack von Weihnachten so klar nicht mehr gegeben, zumindest nicht in der ersten Zeit nach dem Tod meiner Mutter. Mit ihrem Tod war Weihnachten auf einmal nicht mehr dasselbe. Wir feierten die Tage zusammen, doch anders. Wir hatten keine Rituale und Traditionen mehr, und damit war das Fest irgendwie unpersönlich für uns geworden, nicht mehr unser Fest. Wir hatten damals zunehmend großen Erfolg, waren viel unterwegs, doch zunehmend auch isoliert. Früher waren wir in den Straßen und auf den Plätzen ständig in Kontakt mit Leuten, mitten im Leben. Doch das änderte sich durch den Erfolg, wir lebten zunehmend ein Parallelleben, auch eine gewisse Form von Isolation und Abgeschiedenheit. Ich spürte, eine gewisse Traurigkeit in unserer Familie. Ich weiß nicht, weshalb ich ungefähr im Alter von sechzehn begann, feste Rituale einzuführen. Mit christlichem Brauchtum hatte das nichts zu tun. Mein Vater war katholisch und sogar Jesuit gewesen, er hatte Respekt vor der Kirche, aber als Familie praktizierten den Glauben im Alltag nicht. Mir ging es damals zu Beginn einfach darum, die Traurigkeit zu bekämpfen. Ich dachte: *How can we create happy moments* – wie können wir Momente schaffen, in denen wir happy sind? Ich überlegte neue Rituale, nahm auch alte Traditionen, versuchte darauf zu achten, dass wir sie lebten. Irgendwann begannen wir damit, das auch an Weihnachten zu tun, wir lernten Weihnachten sozusagen neu. Für meine Brüder war das am Anfang ungewohnt und leicht peinlich. Sie wollten das nicht, das war doch etwas für Mädchen, wozu sollte das gut sein? Doch wer waren immer die Ersten am 25. Dezember bei den Geschenken? Genau. Irgendwann spürten wir alle, wie gut es uns tat, wie wir uns in diese Rituale fallen lassen und die Tage noch mehr genießen konnten. Wir waren trotzdem noch manchmal von Umständen von außen bestimmt, das brachte unser Leben damals so mit sich. Doch wir hatten unseren eigenen Weihnachtssound gefunden, auf den wir uns jedes Jahr freuen konnten.

Ich habe von diesen Ritualen einige behalten. Bescherung ist für uns weiter am Morgen nach Heiligabend. Mir ist es sehr wichtig, dass der Heiligabend selbst nicht in erster Linie mit Geschenken verbunden wird, sondern mit Zusammensein, mit Tanzen und Singen, mit Heiliger Messe, mit gutem Essen, mit unserer Weihnachtsplaylist. Für uns gehört dazu wesentlich die Christmette, auch für die Kinder, wann darf man in dem Alter schon einmal bis nach Mitternacht aufbleiben? Wie wird das in diesem Jahr sein? Diese Frage stellt sich an Weihnachten besonders, sie könnte sich aber auch weiter stellen und hat es auch schon. Ostern war in diesem Jahr ebenfalls ganz anders. Und für uns war es wunderschön. Wir haben unsere eigenen Corona-Oster-Rituale gefunden und auch für die Tage danach. Wir haben über unsere Familie-und-Freunde-WhatsApp-Gruppe mit dem Sohn einer befreundeten Familie sogar seine Firmung mitgefeiert, waren auf diese Weise dabei und haben uns mit ihm zusammen gefreut, als wären wir dort gewesen. Nicht, dass es die Umarmungen, das Zusammensein, in der Messe und danach, ersetzt hätte. Doch es war gut so und wir haben uns, gerade an solch einem wichtigen Tag wie der Firmung, bei ihm und zusammen gefühlt. Diese Ostererfahrungen nehmen wir mit für Weihnachten und haben manche kleinen »Tricks« gelernt, zum Beispiel: Wir haben uns einen »Lieblingspfarrer« ausgesucht, dessen Livestream wir an Heiligabend gucken werden. Man spricht im Deutschen ja gerne von Heimatpfarrei, Heimatkirche und Heimatpfarrer. In diesem Jahr werden viele von uns nicht in ihrer Heimatkirche Messe feiern können. Deshalb haben wir uns online eine »Heimat« für dieses Jahr gesucht und unseren »Heimatpfarrer«. Die Christmette werden wir so allein vor dem Bildschirm, aber nicht einsam und auch nicht mit total Fremden feiern. Das Heimatgefühl, das so wichtig an Weihnachten sein kann, das werden wir deshalb hoffentlich anders empfinden. Aber nicht zu anders.

Manche Rituale und Heimatgefühle entdecken wir neu, andere vergessen wir, auch bewusst, andere entdecken wir nach einiger Zeit wieder für uns. Früher hatten wir das Haus immer vorwiegend in Rot und Grün dekoriert, das waren unsere Weihnachts-Heimatfarben. In den ersten Jahren nach meiner Trennung konnte ich das aber nicht mehr sehen. Es erinnerte mich zu sehr an früher und wir wählten einen anderen Farbton, eher zartes Rosa. Das sah herrlich aus, gefiel allen – nur wurde es nie zu unserer Weihnachtsfarbe. Irgendwann fragte ich meine Kinder, was sie meinten; das Urteil war eindeutig: Zurück zu Rot und Grün. So hatte unser Weihnachten jahrelang ausgesehen und so sollte es wieder aussehen. Ohne diese Farben war das Weihnachtsgefühl nicht das Gleiche, sah der Weihnachtssound anders aus.

Die eigene Playlist an Weihnachten steht übrigens im Gegensatz zu einer anderen Liste, die gerne einmal diesen Tag überdeckt: die To-do-Liste. Wahnsinn, welchen Aufwand wir teilweise vor Weihnachten und an Heiligabend und den Feiertagen betreiben. Wir sind komplett geschlaucht danach und die Rituale, die wir haben, lassen keine Zeit mehr für Freiraum. Dabei sollte es anders sein. Die Rituale sollen uns einen Rhythmus schaffen, der Platz und Raum lässt, für sich. An Feiertagen generell wird in Familien viel und gern gestritten. Manchmal ist der Feiertagskrach selbst schon ein Ritual. Das hat mit Nähe und Distanz zu tun und könnte besonders in einem Jahr wie dem Corona-Jahr 2020 zur Herausforderung werden. Überspitzt gesagt: Wir sind an Weihnachten höchstwahrscheinlich mit denen zusammen, mit denen wir die ganze Zeit schon zusammen sind, und wir sehen die nicht, die wir gerne sehen würden. Wir werden erleben, dass Weihnachten schon deshalb anders ist, weil die Gesichter und Stimmen, die Scherze und Bemerkungen, die Eigenheiten, die auch den Weihnachtssound ausmachen, diesmal vielleicht nicht oder leiser zu hören sind. Gerade dann besteht die Gefahr, sich den Tag zu sehr anzufüllen, dass keine Zeit mehr für sich bleibt. Die To-do-Liste wird möglicherweise immer länger und dichter, weil wir meinen, damit etwas kompensieren zu müssen, war wir aber nicht kompensieren können. Wie wenn wir den Verlust eines Menschen, bei Trennung oder anderem, durch Geschenke wettzumachen versuchen. Nur das geht nicht, das kennt jeder von uns. Den gewohnten Weihnachtsablauf, den wir in diesem Jahr vermissen könnten, sollten wir deshalb nicht durch Mehr und Mehr zu ersetzen versuchen. Eine To-do-Liste ersetzt keine Playlist. Sie sagt uns nur, was wir tun müssen. Nicht aber, was wir tun können und dürfen. Sie lässt uns, wenn sie zu lang ist, nicht tanzen und singen, sondern hetzen und schimpfen – das gilt an Weihnachten und sonst auch. Weniger To-do-Liste, gerade in diesen Tagen, mehr Playlist aus alten und neuen Hits, aus unseren Hits: So finden wir unseren eigenen Familiensound.

Die Kunst von Nähe und Distanz

Anselm Grün

Ich wurde und werde sehr häufig gefragt, wenn es um Fragen der Beziehung geht. Partnerschaftliche Beziehung, Beziehung in der Familie und auch Beziehung in größeren Gemeinschaften und Gruppen. Wesentlich für jede Beziehung ist das richtige Verhältnis von Nähe und Distanz. Diese Balance ist in einer Quarantäne-Situation besonders wichtig. Ohne das richtige Verhältnis von Nähe und Distanz kann friedliches Zusammenleben zu Hause nicht gelingen, es wird sehr schnell in Streit, Verletzungen und Isolation in der Isolation enden.

Wie nah Nähe ist und wie distanziert Distanz ist, ist individuell ausgeprägt. Der eine braucht grundsätzlich mehr Nähe und fragt sich ständig, wenn er den Partner oder auch Arbeitskollegen als »distanziert« erlebt, ob etwas schiefgegangen ist oder er falsch gemacht hat. Es sind Gespräche, die in einem »Wir haben uns voneinander entfernt« gipfeln können, vielleicht auch zurecht, wenn tatsächlich die Distanz zwischen zwei Menschen so groß geworden ist und die Nähe so klein. Andere wiederum sind vom Charakter und der Erziehung her distanzierter, ihnen kommt Nähe schnell zu einengend vor, sie empfinden das möglicherweise als übergriffig. Diese Empfindungen beziehen sich auf beide Ebenen, die physische und die psychische. Und es ist eine große Herausforderung und Kunst, solche unterschiedlichen Nähe-und-Distanz-Empfinden in einer Beziehung zum Gelingen zu bringen. Gelingt es aber, können gerade diese Unterschiede gegenseitig bereichern.

Das Herausfordernde in einer Situation der großen und vor allem ungewohnten zeitlichen wie räumlichen Nähe, die wir erleben, ist: Manchmal wissen wir gar nicht, ob wir nun mehr der Nähe-Typ oder die Distanz-Persönlichkeit sind, einfach weil es im normalen Leben sehr viele Möglichkeiten gibt, dieser Frage aus dem Weg zu gehen. Im Urlaub können wir unzählige Aktivitäten abfeiern, uns ständig mit Menschen umgeben oder auch einfach nur allein für sich am Strand liegen oder zum Radfahren gehen. Das gilt auch für den Alltag, der uns eine Vielzahl von Möglichkeiten bietet, abzulenken davon, was wir genau brauchen – und was unsere Beziehung, egal ob Partnerschaft, Familie oder WG, braucht. Und wenn die Balance gestört ist, finden wir viele Erklärungen dafür, dass es so ist. Und sei es, dass wir davon sprechen, der andere klammere oder schotte sich ab, ohne darüber zu reflektieren, wie wir selbst mit Nähe und Distanz umgehen.

Die Frage nach dem Verhältnis von Nähe und Distanz stellt sich jetzt radikaler und lauter, weil die Vielzahl der äußeren Möglichkeiten, nicht der inneren, der äußeren stark eingeschränkt ist. Außerdem befinden wir uns in einer Stress-Situation, die zum Lagerkoller führen kann. Der Psychologe Michael Thiel erklärte einmal in der *BILD* dazu: »Der Dichte-Stress ist ein wichtiger Auslösefaktor. Wenn (fremde) Menschen über einen längeren Zeitraum auf engstem Raum zusammen sind, steigt deren Stresslevel. Enges Zusammenleben beschneidet die eigene Selbstbestimmung, die Freiheit, so zu leben, wie ich es will. Ich kann nicht wie gewohnt agieren und muss mich ständig mit dem Verhalten der anderen auseinandersetzen, ohne zur Ruhe zu kommen. Innerhalb dieser Situation ist es wichtig, sich einen mentalen Schutzraum zu schaffen.«

Michael Thiel spricht von »mentalen Schutzräumen«. Das Kapitel über unsere »Nischen« handelt vor allem von den physisch gegebenen Schutzräumen, unseren Rückzugsmöglichkeiten in der Wohnung oder dem Zimmer, die genauso bedeutsam sind dafür, dass wir uns nicht innerhalb kürzester Zeit ungeheuer auf den Wecker gehen. Die »mentalen Schutzräume« hängen natürlich oft mit den physischen gegebenen zusammen. Zu meditieren oder zu beten fällt den meisten Menschen leichter in einer entsprechenden Umgebung. Benedikt legt deshalb im 52. Kapitel seiner Regel fest: »Das Oratorium (der »Gebetsort«, Anm. d. Autors) sei, was sein Name besagt, Haus des Gebetes. Nichts anderes werde dort getan oder aufbewahrt. Nach dem Gottesdienst gehen alle in größter Stille hinaus und bezeugen Ehrfurcht vor Gott. So wird ein Bruder, der noch für sich allein beten möchte, nicht durch die Rücksichtslosigkeit eines anderen daran gehindert. Auch wenn sonst einer still für sich beten will, trete er einfach ein und bete, nicht mit lauter Stimme, sondern unter Tränen und mit wacher Aufmerksamkeit des Herzens. Wer sich nicht so verhalten will, darf nach dem Gottesdienst nicht im Oratorium zurückbleiben, damit, wie gesagt, ein anderer nicht gestört wird.« Das Oratorium ist in diesem Sinne ein besonderer Schutzraum, weil er anders als unsere Zelle nicht ausschließlich einem Mitbruder allein zur Verfügung steht, sondern allen. Aber jeder muss sich dort so verhalten, dass jeder andere allein sein.

Jeder Mensch benötigt einen Schutzraum, um sich entzufalten. Diese Räume sind unverzichtbar, um die Balance von Nähe und Distanz zu halten. Dringe ich ständig in den Schutzraum des anderen ein, physisch wie psychisch, ist das übergriffig und achtet nicht die Grenzen, die jeder Mensch braucht und setzt. Lasse ich dagegen zu, dass mein Partner nur noch in seinem stillen Kämmerlein, im wortwörtlichen wie übertragenen Sinne, bleibt, verpasse ich möglicherweise die Chance, ihm bei etwas zu helfen. Plakativer ausgedrückt: Die Entscheidung, wann und ob ich an einer Schutzraum-Tür klopfen darf oder soll, ist kniffelig und hängt von unserer eigenen Persönlichkeit, vom Charakter und den Bedürfnissen des anderen und auch der Situation ab. Das gilt nicht nur in Partnerschaften, Freundschaften oder Verwandtschaften. Wir können uns auch daran orientieren, wenn wir uns vor Augen halten, was eine gute Nachbarschaft ausmacht. Gute Nachbarn sind, nach allgemeinem Dafürhalten zumindest, Parteien, die sich mit einander austauschen, nicht unbedingt befreundet sind, das ist es eben eine Freundschaft, die durchaus Anteil nehmen und auch helfen, wenn es nötig ist. Zugleich haben sie ihr eigenes Leben, sind auch räumlich abgegrenzt und leben in erster Linie nicht miteinander, sondern nebeneinander, in einem ausbalancierten Sinne (natürlich existieren unterschiedliche Grade des Miteinander-Nebeneinanders, hier nur etwas vereinfacht und in Abgrenzung zu den anderen Beziehungsarten ausgedrückt). Das Zusammenleben zu Hause muss intensiver sein, muss ein Miteinander und kein Nebeneinander sein. Und doch sollten wir in dieser Situation der großen zeitlichen und räumlichen Nähe manchmal innerhalb unserer Wohnräume etwas mehr Nachbarn sein. In dem Sinne, als dass wir uns es auch ermöglichen, mal nebeneinander her zu leben, die Tür des anderen zu respektieren, nicht über den Gartenzaun zu blicken. Nachbar, das kommt von dem mittelalterlichen *nahgibur* bezog sich auf den nächstwohnenden Bauern. Im Italienischen ist von *viciono* die Rede, was »nah« und »Nachbar« zugleich bedeuten kann. In der Bibel finden wir ein beeindruckendes Beispiel dafür, wie in einer Krise – zumindest vorübergehend – sogar ein naher Verwandter zum »Nachbar« werden kann. Die Geschichte handelt von Abraham und Lot, den beiden Brüdern. Abrahm, so wird er damals noch genannt, zieht zusammen mit seiner Familie und Lot vom Negeb bis nach Bet-El, in der Nähe Jerusalems. Abram und Lot haben ihre Hirten und Herden dabei und irgendwann kommt es zum Streit zwischen den Hirten. »Da sprach Abram zu Lot: Es soll kein Streit sein zwischen mir und dir, zwischen meinen Hirten und deinen Hirten; wir sind doch Brüder. Liegt nicht das ganze Land offen vor dir? Trenne dich also von mir. Willst du nach links, so gehe ich nach rechts; willst du nach rechts, so gehe ich nach links« (1 Mos 13,8-9)

Die beiden Brüder werden hier zu Nachbarn, weit entfernten, weil sie sich eingestehen, dass Distanz wichtig ist, um die brüderliche Nähe zu halten. Insofern ist das Prinzip der Nachbarschaft ein guter Impuls, um über Nähe und Distanz nachzudenken und praktisch damit umzugehen. Doch wie kann es uns gelingen, Nähe und

Distanz auszubalancieren, wenn wir eben nicht ein »offenes Land« vor uns haben? Gibt es Grundprinzipien dafür, unverzichtbare Werkzeuge? Ja, zwei wesentliche: Reden und Schweigen. Das Gespräch und die Stille.

Stille als Schutzraum, das leuchtet intuitiv ein, deshalb möchte ich erst vom Reden sprechen. Viele Menschen werden noch nie oder ganz selten darüber gesprochen haben, wie sie Nähe und Distanz empfinden, was sie sich wünschen, ersehnen und brauchen. Das ist aber unverzichtbar für eine gute Beziehung und ein gelingendes Zusammenleben. Und dafür ist jetzt die Möglichkeit! Jetzt haben wir einen dramatischen äußeren Anlass, um genau diese Themen anzusprechen und anzupacken.

Sicher wäre es etwas merkwürdig, zumal mit Kindern, sich an einen Tisch zu setzen und zu fragen: Sagt mal, haben wir ein richtiges Verhältnis von Nähe und Distanz? Das wird nicht funktionieren. Funktionieren kann es dann, wenn wir achtsam darauf hören, wie sich unsere Gesprächspartner bestimmte Dinge und Momente vorstellen, sie erklären lassen, nachfragen, unsere eigenen Wünsche vortragen. Sollte es schon gekracht haben oder gibt es massive Unterschiede, so muss das sicherlich klar angesprochen werden, nachdem man sich selbst überprüft hat. Doch in Tagen der Entschleunigung haben wir mehr Zeit, behutsam nachzuforschen, wie es um die Nähe-Distanz-Balance in unsere Beziehung oder Gemeinschaft bestellt ist – vielleicht ja auch mit der Erkenntnis, die unglaublich schön und tragend sein kann, dass wir in Balance sind. Dass das Verhältnis stimmt, wird uns ja oft nicht bewusst. Erst wenn es knirscht und kracht, werden wir auf ein Missverhältnis aufmerksam. Zu erleben, dass wir dagegen im Gleichgewicht sind und auch deshalb so gut durch das Leben und sogar Krisen kommen, diese Entdeckung ist etwas Wunderschönes und kann uns den Wert unserer Beziehung verdeutlichen. Wenn wir uns vergegenwärtigen und dem anderen mitteilen, dass es genau so passt, und er dies erwidert, ist genau das ein Ausdruck von Liebe oder von Harmonie.

Reden ist entscheidend, um Nähe und Distanz in ein richtiges Verhältnis zu rücken, und wir haben jetzt die Chance dazu. Nur, Reden allein reicht nicht. Es ist die Bedingung der Möglichkeit gelingenden Zusammenlebens, muss sich aber im Alltag beweisen. Und dazu gehört wesentlich der zweite Punkt, die Stille. Mehr noch: Zu viel reden, zerstört die Balance von Nähe und Distanz.

Wenn ich hier von Stelle spreche, dann meine ich die konkrete Stille, aber auch die Stille als Bild für den eigenen Freiraum, die Abgrenzung, das Alleinsein. Für uns Mönche ist die Stille, die konkrete und die im übertragenen, stellvertretenden Sinne verstandene, ein wesentliches Element unsere Spiritualität und unseres

Zusammenlebens. Wir beginnen den Tag in Stille und wir beschließen ihn in Stille, nach der Komplet. Komplet bedeutet, dass etwas abgeschlossen wird, dass etwas komplett, rund wird. Und nachdem wir den Tag »gerundet« haben, begeben wir uns in die Stille. Ich zum Beispiel versuche, mich nicht zu zwingen, irgendetwas zu denken oder zu fühlen, sondern ich sitze erst einmal ganz still da. Die Hektik des Alltages oder die ständigen Krisen-Breaking News, die jede Stille »brechen«, sind außen vor. Ich sitze, bin ganz da, habe das Gefühl, dass ich vor Gott bin und bin zugleich neugierig auf meine Gedanken. Ich forsche in mir, nehme war, bin achtsam und erlaube mir, alles zu fühlen. Ich muss nichts bringen, nichts leisten. Ein Experiment mit mir und mit Gott, der immer überrascht. Die Stille wird so zum reinen Sein, in dem ich alles Gott hinhalte, und in der nichts bewertet wird.

Diese Form der Stille reinigt. In sie einzutauchen, bringt mich erst einmal in das richtige Verhältnis von Nähe und Distanz zu mir selbst. Wer bin ich, was denke ich, was fühle ich? Ich beobachte mich selbst und lerne mich in der Stille besser kennen. Ich habe eine gewisse Distanz, weil ich nicht sofort bewerte oder verurteile, und zugleich bin ich es, der nicht bewertet, bin ich es, der nicht verurteilt, bin ich es, der vor Gott steht. Diese Erfahrung, gerade dieses Nicht-Bewertens und Nicht-Verurteilens ist die Grundlage dafür, dass wir anderen

Menschen mit dem richtigen Nähe-Distanz-Verhältnis begegnen. Wenn wir in einer Ausnahmesituation oder Krise sofort den anderen bewerten, nicht nach den Gründen fragen, sind wir möglicherweise im Urteil zu nah und in der Erforschung der Motive zu weit weg. Die Stille vor einem Krisengespräch ist deshalb enorm hilfreich, um konstruktiv damitzugehen. Hier fallen Schweigen und Reden ineinander.

Die so erlebte Stille reinigt auch deshalb, weil sie der Freiraum ist, in dem ich ganz bei mir sein kann. Auf mich dringen nicht nur nicht die Einflüsse anderer Menschen ein, sondern gar keine. Wir dürfen uns selbst gegenüber still sein – und sind es dadurch automatisch auch den anderen gegenüber. Wer still ist, kann den anderen nicht stören. Das klingt banal, ist auch einfach, aber eben fundamental. Eine gemeinsame Zeit der Stille, in der jeder für sich seinen Freiraum erfährt und wir zugleich alle zusammen durch dieses Erleben des Freiraums verbunden sind, das kann eine große Kraft entfalten. Wir sind verbunden in der Stille – und auf diese Weise in einem Verhältnis von Nähe und Distanz, das wohltuend ist und stärkt für die Momente, in denen wir um die richtige Balance ringen müssen. Sei es um unsere eigene Balance oder um die in unserer Gemeinschaft.

Das wahre Fest der Gefühle – oder: Wie ich mich und andere aushalte

Anselm Grün

Weihnachten ist das Fest der Gefühle. Aber nicht nur, weil wir uns über Geschenke und den Christbaum freuen. Weil wir froh sind, wieder einmal zusammen zu sein. Weil wir in die Liturgie eintauchen und den Klang der unterschiedlichen Stimmen in der Kirche lauschen. Nein, nicht nur. Dass Weihnachten aus einem anderen Grund das Fest der Gefühle ist, spüren wir möglicherweise gerade in diesem Jahr, wo wir auf all das eben Beschriebene verzichten müssen. Stattdessen machen wir neue Erfahrungen und viele von uns eine Erfahrung, die heute manchmal selten geworden ist: die Erfahrung der Stillen. Mehr noch: Die Erfahrung, dass wir in der Stille auf unsere Gefühle geworfen sind. Das kann eine überraschende, beglückende, aber auch schmerzhafte Erfahrung sein, wir bei Teilnehmern von Exerzitien zum Beispiel häufig beobachten. Sich mit diesen Gefühlen, mit unseren Emotionen auseinanderzusetzen, das ist das eine. Zunächst aber müssen wir grundsätzlich im Leben, und dafür ist die Stille ein wunderbar geeigneter Ort, die Emotionen zulassen und erlauben. Wenn sie durchgehend unterdrücken, entfremden wir uns von uns selbst und von anderen.

Emotionen zuzulassen, bedeutet auch, das Risiko einzugehen, sich mit sich selbst auseinanderzusetzen. Das ist in den vorherigen Kapiteln schon immer wieder angeklungen und in der Tat in Krisen generell und in der Quarantäne-Situation besonders, von hoher Bedeutung. Diese Auseinandersetzung können wir uns ersparen, wir verwehren uns damit aber wesentliche Zugänge zum Wachsen und Menschwerden, der wir sein könnten. Stellen wir uns allerdings diesen Emotionen, so wird es darum gehen, uns selbst auszuhalten. Und, wenn die Emotionen auf andere bezogen sind, auch diese auszuhalten, mit ganz konkreten Folgen.

Die Auseinandersetzung mit seinen Emotionen und mit sich selbst geschieht natürlich nur in der Stille. Das wird praktisch nicht gehen. Und sie ist zu wichtig, als dass wir, wenn wir schlichtweg nicht in der Lage sind, stille Momente zu schaffen oder zu finden, darauf verzichten könnten. Gerade jetzt nicht. Gerade jetzt werden, unter dem Druck und dem Stress und anderen Einflüssen, starke und vielleicht auch ganz neue Emotionen in uns hochkommen. Emotionen, die uns vertraut sind, positiv wie negativ. Die uns überraschen, positiv wie negativ. Die uns antreiben, beruhigen, bestätigen. Und, das sicherlich auch: die uns beschämen.

In den vorangegangenen Kapiteln haben wir versucht, konkrete Ratschläge und Lösungswege anzudenken und vorzuschlagen, die uns sofort und langfristig helfen können. Nur, um ehrlich zu sein: Manche dieser Wege sind steinig, manche dieser Ratschläge wollen nicht gehört werden. Denn sie führen schnell zu Situationen, in denen man sich möglicherweise rechtfertigen muss, auch vor sich selbst. Ein einfaches Beispiel: Es kursiert ein Videoclip, in der auf humorvolle Weise verschiedene Möglichkeiten auftauchen, mit Quarantäne umzugehen. Am Ende des Videos allerdings sitzt der Vater lesend auf der Couch, ein kleines Mädchen ruft und der Vater, der vorher herumgespielt hat, hält ein Pappschild vor sich, das Kissen der Couch gleicht. Das Kind kommt rein, guckt, niemand da, und verschwindet. Ein amüsantes Video, doch es trifft einen interessanten Punkt: Der Vater zieht sich nicht offen zurück, sagt dem Mädchen nicht, er brauche jetzt etwas Zeit für sich, sondern er versteckt sich. Der Erwachsene versteckt sich vor dem Kind. Wie, wenn das eine reale Situation wäre, würde sich der Vater fühlen?

Ich kann mir vorstellen, dass er sich schämt. Schämt dafür, dass er sich versteckt, dass er seine Zeit haben will, dass er sich nicht um das Kind kümmern will. Er will nicht oder kann nicht und dafür schämt er sich. Dieses Gefühl ist ein bekanntes Krisengefühl. Scham, Ohnmacht, Hilflosigkeit, weil man der Krise nicht her wird, weil man seine Lieben nicht beschützen kann, das kommt häufig vor. Das zu erkennen, befreit. Das ist das Erste, was wir anderen und vor allem uns sagen dürfen. Wir sind nicht die einzigen, denen es so in der Krise geht. Und es ist in Ordnung. Wir müssen uns nicht dafür schämen, dass wir uns schämen. Akzeptieren wir das, hat das eine befreiende und entlastende Wirkung und kann zu einer neuen Ehrlichkeit mit sich selbst und seinem Umfeld führen. Die Scham der Krise, kann die Chance zu einem wahrhaftigeren Umgang mit sich und den anderen sein.

Besonders jetzt an Weihnachten müssen wir unsere Emotionen anerkennen. Nach den vielen Tagen in Quarantäne, in Lockdowns, im Home Office oder anderen ungewohnten Umständen kann es leicht sein, dass wir mit sehr gemischten Gefühlen auf Weihnachten blicken. Wir dürfen uns eingestehen, wenn wir nicht besonders erpicht darauf sind, wieder nur im gleichen Haushalt zu feiern. Es kann auch sein, dass wir uns denken: Wie gerne würden wir mit denen feiern, die wir so lange nicht gesehen haben! Lassen wir diese Gefühle zu. Versöhnen wir uns mit ihnen. Nur so haben wir die Möglichkeit, uns nicht davon in Gefangenschaft und beherrschen zu lassen. Sprechen wir offen mit unseren Partnern oder Kinder darüber. Auf diese Weise verstecken wir unsere Gefühle nicht, im Deutschen sagt man ja nicht umsonst, man mache aus seinem Herzen eine Mördergrube. Wir gehen ehrlich mit den Menschen um, muten ihnen auch keine falsche Freudigkeit und Fröhlichkeit zu, aber versuchen auch gemeinsam die Situation offen anzugehen. Wir spüren auf diese Weise, dass wir nicht zurückgelassen sind mit diesen Gefühlen, sondern es vielleicht sogar dem oder der anderen auch so geht. Nur so können wir die Weihnachtstage als etwas annehmen, in dem wir offen dafür sind, uns im Inneren verwandeln und so dieses Fest zu einer Neugeburt werden zu lassen.

Was für das Anerkennen der Scham oder Wut oder Hilflosigkeit gilt, gilt natürlich auch für Freude, Spaß oder Genuss. Wir müssen das Leid, das Tausende von Menschen derzeit ertragen müssen, die Tote, die es schon gibt, im Kopf haben und uns überlegen, wie wir solidarisch sein können. Diese Krise ist die vielleicht größte Krise der Nachkriegszeit. Sie wird auch an Weihnachten nicht vorbei sein und es mag schwerfallen, »Feiertage« zu begehen, ein »Fest« zu feiern. Und doch dürfen wir uns freuen, lachen, genießen. Wir sollen es sogar! Schämen Sie sich nicht dafür, dass sie Momente des Glücks haben in diesen Tagen – genießen Sie sie. Verstecken

Sie nicht Ihre Freude darüber, dass sie plötzlich Zeit haben, für alte Gewohnheiten und neue Rituale. Wir brauchen diese Augenblicke, denn es sind die Auszeiten, die Schutzräume, die Nischen, die uns Atem holen und Kraft tanken lassen, für alles was wir derzeit bewältigen müssen und noch bewältigen werden müssen. Das Gute und Schöne und Wahre soll erkannt und anerkannt werden, gerade in schweren Tagen. Es ist die Zusage, dass die Welt und der Mensch im Grunde gut geschaffen wurden, trotz aller Schreckensnachrichten. Dass die Krise unser Blickfeld und Empfinden verändert, uns einengt und in Quarantäne zwingt, aber die grundsätzliche Freiheit und Weite nicht nehmen kann.

Diese Krise kann uns lehren, authentischer zu leben. Mit den anderen solidarisch, achtsamer mit der Natur, empfindsamer mit mir selbst. Wenn wir jetzt auf unsere Gefühle achten, sie nicht einmal klassifizieren nach »positiven« und »negativen«, »guten« und »schlechten«, sondern nur als »unsere« und sehen, wie wir mit ihnen umgehen, wie sie uns tragen können durch diese Zeit und wie wir sie nutzen können, für uns und für andere, dann ist das ein gewaltiges Ziel, ein lohnendes Ziel. Die Gefühle sind ein guter Kompass, besonders für Nähe und Distanz. Wir dürfen sie ernst nehmen, Nähe und Distanz suchen, wenn wir das fühlen. Zugleich sollten wir auf die Gefühle der anderen achten, die wiederum auf ihre achten müssen. Je mehr von uns auf ihre Gefühle achten, ohne gefühlig zu werden, ohne die konkreten Fakten zu vergessen, je mehr von uns in der beschrieben Art auf ihre Gefühle achten, desto stärker werden wir durch und aus der Krise kommen. Eine Wiederentdeckung der Achtsamkeit auf die Gefühle, die am Anfang richtig schmerzen kann, wäre ein wichtiges Moment für und nach der Krise.

Das Weihnachtsfest in diesem Jahr kann dafür ein Ausgangspunkt sein. Wenn wir die Stille nicht nur erleiden, sondern sie suchen, werden wir ganz anders und neu dieses »Fest der Gefühle« erleben. Die vor uns liegenden Feiertage werden für die einen emotionale Prüfungen sein, für die anderen nicht. In jedem Fall dürfen wir versuchen, wenn nötig, Weihnachten als Fest der Geburt Jesu auch als Neugeburt unseres Umgangs mit unseren Emotionen zu erfahren – und zu feiern.

Echte Erleichterung – oder #trotzallemWeihnachten

Maite Kelly

Meine Kindheitserinnerungen sind total unterschiedlich. Manche sind diffus und verwischt, weil ich mit meiner singenden Familie wie ein Wanderzirkus durch ganz Europa unterwegs war, sodass gewisse Orte und Zeiten an mir vorbeigerauscht sind. Oft, wenn ich im großen Doppeldecker-Bus aufgewacht bin, wusste ich nicht, wo ich gerade war: Paris, Rom oder Gummersbach … Man fragt als Kind einer singenden, reisenden Familie auch nicht nach. Das war einfach so, mehr gab es nicht zu fragen und zu sagen.

Viele meiner Erinnerungen sind deshalb wie Landschaften, die an einem rasenden Zug vorbeirauschen. Andere Erinnerungen allerdings sind glasklar und ich sehe sie direkt vor mir, wie unser Steinhaus in Belascoáin in den

Bergen des Baskenlandes, nicht weit von Pamplona. Weniger Haus, mehr Häuschen, in das wir zwölf Kinder gerade so reinpassten – immerhin größer als der Bus. Keine Heizung, kein Strom, kein Radio und auf gar keinen Fall Fernsehen. Ich teilte mir ein Mini-Zimmer im oberen Stock mit meinen beiden Schwestern. Ab Herbst war es im Haus nur unter der Bettdecke kuschelig warm, das Aufstehen kostete jedes Mal besonders viel Überwindung. Alle paar Wochen allerdings reicht ein Ton, leise durch das Schnarchen meiner beiden Schwestern dringend, ich springe auf und aus dem Bett. Barfuß und noch im weißen Leinenpyjama, der Terracotta-Boden ist kalt, egal. Ich weiß, dass ich nur wenige Minuten habe, wenige Minuten, um ihn zu sehen: den Hirten, der seine Schafe über die kleine Landstraße an unserem Haus vorbei in die Berge führt. An seiner Seite sein Schäferhund, sein treuer Begleiter, wachsam und scheinbar überall, um die Herde zusammenzuhalten. Gebell, Mähen, vor allem aber dieses sanfte Geläut. Und jedes Mal die spannendste Frage für mich: Hat der Hirte ein neues, kleines Lämmchen auf der Schulter – und wie sieht es aus?

Ist das nicht ein bisschen kitschig? Was hat das denn mit der Realität der meisten Menschen von heute zu tun? Wir sehen in den meisten Städten morgens keine Schafherden, sondern Autokarawanen, hören kein Geläut, sondern Gehupe. Gehört die Schäfer-Schaf-Romantik nicht ins Heimatmuseum oder in Nostalgiefilme? Wir sind doch nicht alle Heidi! Und wer ist denn heute noch Hirte? Wer hat denn noch Lust, diesen Job zu machen? Draußen bei miesem Wetter zu sein, allein nur mit den Tieren, wie und wer soll diese Stille aushalten? Meine Tochter würde sagen: »Mom, dem muss doch langweilig sein. Mom, das ist ein Job total in der Isolation und weit weg vom normalen Leben.« Die Hände des Hirten aus meiner Kindheit waren voller Schnitte, Schwielen, Hornhaut, es waren Hände voller Geschichte, auch anstrengender Geschichte. Hirtesein hat nichts mit Kitsch zu tun.

Ich glaube, wir finden es vielleicht manchmal kitschig, weil es nicht zu unserem Alltag gehört. Weil wir meinen, alles neu erfinden zu müssen. Ich finde, manchmal setzen wir uns auch selbst (zu sehr) unter Druck, weil wir uns verunsichern lassen und dann meinen, dass diese Bilder, Bräuche oder Rituale »platt« seien, »überholt«, »nicht mehr zeitgemäß«. Wir glauben, alles neu und ganz besonders originell erzählen zu müssen. Doch sind es nicht oft die Geschichten, die zeitlos sind, die uns am meisten berühren und inspirieren? Jeder kennt doch solche Bilder, die nicht neu sind, aber trotzdem voller Kraft. Ich denke mir dann: Kitsch hin oder her – wir dürfen solche Ur-Bilder ruhig zulassen, ihnen etwas zutrauen und auf ihre Kraft vertrauen. Gerade jetzt, in Krisenzeiten und vor und an Weihnachten. Hirte und Herde, ein Ur-Bild.

Der Hirte aus unserem baskischen Dorf gehörte zu unserer Gemeinschaft, aber auch irgendwie wieder nicht. Er zog nur durch, von den Bergen im Norden zu den Bergen im Süden, ohne bei uns einzukehren. Wie ein Eremit, ein Einzelgänger, respektiert, aber auch bemitleidet für seine Einsamkeit – von den Erwachsenen. Mir als Kind kam er zufrieden vor, mit sich im Reinen und in Klarheit mit seiner Aufgabe: die Herde hüten. Mehr nicht, *that's it,* das ist es. Ich glaube, dass viele von uns, gerade jetzt, wo wir nicht wissen, was wir in dieser Krisenzeit tun sollen, uns nach solch einer Klarheit sehnen. Besonders in den Zeiten, in denen unsere Freiheit zu wählen so stark eingeschränkt ist durch die derzeitigen Herausforderungen, wäre es toll zu hören: Du musst nur das machen und nichts anderes. Manche brauchen solche klaren Vorgaben, andere nicht. Aber wir alle fragen uns: Wie können wir dieses verdammte Virus besiegen? Was müssen wir tun, damit wir das können, was wir lieben: reisen, in Restaurants gehen, ohne Maske arbeiten, Hände schütteln, Umarmen, Wangenküsschen verteilen? Was ist das ultimative *That's it* gegen das Virus? Wir wollen alle Antworten und Lösungen sofort und auf einen Schlag.

Der Schlag aber war der Lockdown, und das an Weihnachten. Wir sind auf diese Weise auch Hirten, isoliert von anderen, nur nicht draußen in der Natur. Wir wissen nicht, was passiert, und versuchen alle möglichen Erklärungen. Hirten kennen die Natur dagegen sehr genau. Sie sind Meister darin, die Zeichen zu lesen und zu deuten. Ich finde es total spannend und bezeichnend, dass die Ersten an der Krippe, abgesehen von den Eltern, die Hirten sind. Komisch. Ausgerechnet die, die weit entfernt von den warmen, kuscheligen Herbergen und Wohnhäusern lagern, draußen auf dem Feld, die sind die Ersten. Woran liegt das? Weil sie die Zeichen der Zeit erkennen. Sie erkennen als Erste, dass etwas passiert, dass etwas anders ist. Der Hirte in unserem Dorf erkannte bestimmte Dinge auch früher als andere, war Deuter der Zeichen der Zeit. Zu ihm kamen die Leute oft um Rat, wenn sie etwas über das Wetter wissen wollten, was existenziell wichtig war für die Bauern. Die Zeichen der Zeit, die sich nur sanft andeuten, für die man jahrelange Erfahrung braucht und genau hinsehen muss, sind das, was jetzt vielleicht so wichtig wie selten ist. Wir müssen in den Tagen des Virus auf die Zeichen der Zeit sehen, als Politiker, als Wissenschaftler, jeder auf seine Weise. Wir müssen den Spagat vollbringen, einerseits denen zu vertrauen, die die Zeichen und Zahlen lesen können, aber zugleich auch akzeptieren, dass keine Vorhersage, nicht über das Wetter und schon gar nicht über unsere Situation, absolut sicher ist. Ganz schön hart in Zeiten der Unsicherheit.

Weihnachten ist insofern vielleicht das Fest, das am besten in diese Zeit passt. Weil es letztendlich auch um die Zeichen der Zeit ging und geht. Wer bitte ist am ersten

Advent in Weihnachtsstimmung? Da sind oft überhaupt keine Zeichen von Besinnlichkeit. Doch das macht nichts. Ich finde, dass das Vorweihnachts-Bashing ganz gefährlich ist. Dass die Vorweihnachtszeit stressig und nicht besinnlich und voller Konsum ist, das lesen und hören wir ständig. Überall erhobene Zeigefinger. Wir können fast gar nicht anders, als die Vorweihnachtszeit schrecklich zu finden. Wer das nicht tut, der ist naiv oder sonst etwas. So kann man in der Tat jede Vorweihnachtsfreude zerzeigefingern. Lieber sollten wir uns darauf einlassen, jeder auf seine Art, und auf die Zeichen der Zeit achten. Die gibt es ja. Vertrauen wir doch darauf, dass wir wie die Hirten die Engel singen hören werden, und dass wir die Freude darin finden. Selbst in diesen ungewöhnlichen Zeiten wird es Zeichen geben, werden wir sie entdecken.

Die Tatsache, dass die Hirten in der Bibel die Ersten an der Krippe waren und mit Jesus in Kontakt kamen, berührt mich zutiefst. In meiner Kindheitserinnerung sind nicht nur die Schäfchen mit dem Glöckchen, sondern auch der Hirte, der ein Lamm auf den Schultern trägt. Auch das scheint ein überholtes Bild, aber es ist wirklich so. Ich versuche das meinen Kindern zu erklären, es zu beschreiben, weil für mich ungeheuer viel darinsteckt. Nicht nur zu beschreiben, sie sollen das sehen: Wir fahren gemeinsam Richtung Düsseldorfer Altstadt, rüber über die Oberkassler Brücke. Wir blicken auf die

Oberkassler Rheinwiese und die Herde von mehr als 170 Schafen, die dort weiden. Der Wittlaer Hirte wurde extra von der Stadt angeheuert, um die Deiche zu schützen, mit ihren Hufen verdichten sie die Grasnarbe. Die Schafe und der Schäfer sind Kult in Düsseldorf und zugleich mehr als nur Folklore. Sie schützen den Deich und damit die Stadt, wenn man so will. Manchmal hören meine Kinder begeistert zu, wenn ich erzähle. Manchmal rollen sie aber auch die Augen: »Mom, das hast du schon tausendmal erzählt.« Egal. Die alten Geschichten brauchen ihre Wiederholung.

Die Herde und der Hirte sind für mich, wenn ich mit meinen Kindern auf der Brücke stehe, noch aus einem ganz anderen Grund so faszinierend. Oft kommt mir dann der Gedanke: Wir sind Schäferinnen und Schäfchen zugleich, gerade als Eltern und gerade jetzt. Ich habe so viel in dieser Zeit über mein *That's it* als Mutter nachgedacht, darüber, wie ich meine Kinder schützen kann. Im Englischen wird es sogar noch deutlicher, wie reden von »to shepherd«, von schützen, von behüten. Ich will Hirtin sein für meine Kinder, aufpassen, für sie da sein, sie auf die Schultern nehmen, die Zeichen der Zeit erkennen, ganz konkret: In der Coronazeit waren unsere Kinder daheim und konnten ihre Freundinnen und Freunde nicht treffen, zumindest nicht physisch. Sie waren also noch mehr online, noch mehr auf Social Media. Für sie echt eine Hilfe und Bereicherung. Besonders jetzt, wo man nicht das Leben direkt miteinander teilen konnte, war die Verlockung groß, Sachen zu sharen. Doch das kann auch nach hinten losgehen. Für mich war es deshalb eine meiner wichtigsten Aufgaben, dass wir fünf Regeln aufgestellt haben, wie wir mit Social Media umgehen. Meine Kinder haben das nicht komplett so gesehen, aber sie haben es akzeptiert. Weil sie das Vertrauen haben, dass ich es gut mit ihnen meine – eben wie ein guter Hirte. Die Regeln sind simpel:

1. Computer und Handy sind Werkzeuge und kein Mensch, kein Tier und auch keine Pflanze.
2. Social Media soll Begegnungen ermöglichen, sie aber nicht ersetzen.
3. Schütze die Grenzen der Privatsphäre – die deiner eigenen und die anderer.
4. Social Media ist eine Meinungsplattform und nicht unbedingt eine Quelle für Fakten.
5. Alles, was du ohne Handy tun kannst, tu es ohne Handy.

Ach, übrigens: Die Regeln gelten auch für mich selbst.

Ich mag gar nicht lange drumherum reden und gebe gerne zu: Das alles ist vor allem jetzt nicht easy. Diese Aufgabe kann so richtig anstrengend sein. Vor allem dann, wenn man weiß, dass man Kindern den Kontakt zu Freunden nimmt. Ich weiß ja selbst aus meiner Kindheit, als wir ständig unterwegs waren, dauernd Beziehungen abbrachen und neue aufbauten oder es auch nicht taten, wie kostbar dieser Kontakt ist. Früher hatten wir natürlich kein Facebook oder Facetime, da war es noch schwerer. Trotzdem ist der physische Kontakt auch heute nicht zu ersetzen. Das ist deshalb für mich, vor allem vor dem Hintergrund meiner eigenen Erfahrungen als Kind, nicht leicht, aber so geht es uns Eltern allen. Den Kindern die Freunde und Freude vorenthalten zu müssen, nimmt uns die Freude. Und da hilft es mir besonders zu wissen, dass ausgerechnet der gute Hirte auch Lamm ist. Jesus sagte, er sei das Lamm Gottes, das hinwegnimmt die Sünde der Welt. An Weihnachten sind nicht nur die Hirten die, die hüten. Sondern es wird der geboren, der Lamm und Hirte zugleich ist. Das fasziniert mich total und hilft mir, vor allem als Mutter. Nicht falsch verstehen: Wenn ich von Lamm im übertragenen Sinne spreche, meine ich natürlich nicht *nur* das christliche Bild vom Opferlamm, auf keinen Fall. Ich meine, dass wir als Eltern, aber auch als Söhne und Töchter, Bruder und Schwester, als Patenonkel und Patentochter, dass wir alle auch getragen werden auf Schultern. Dafür muss man keine Christin sein und nicht einmal gläubig. Weihnachten ist ein Anlass zu überlegen und nachzuspüren, wie oft wir auf Schultern getragen werden, auch das sind Zeichen der Zeit. Wie oft da jemand ist, der nach uns sucht und uns wieder in die Spur bringt. Während Corona gab es doch, neben all den schrecklichen und niederschmetternden Nachrichten, auch wunderbare Zeichen von Solidarität und Zusammenhalt: medienwirksame wie Balkonkonzerte und kleine, unscheinbare in unserem Alltag. Wie viele Hirten sind uns in diesen Tagen begegnet!

Als Christin spüre ich neben diesen Hirten die Schultern dessen, der an Weihnachten Mensch wird. Gott als guter Hirte wird jetzt auch Mensch, mit menschlichen Schultern. Und wenn ich die Geschichte danach ansehe, denke ich oft: Es war auch für Jesus nicht easy, Hirte zu sein. Der hat doch richtig Ärger und Probleme gehabt mit seiner Herde. Doch da war immer ein Getragensein, ein grundsätzliches Gefühl, das mit seiner Geburt an Weihnachten beginnt. Wie oft wir Hirten und sogar Engel in unserem Leben haben, selbst wenn es kalt und dunkel und still um uns herum ist, merken wir manchmal gar nicht mehr. Sich daran zu erinnern, sich an Weihnachten fallen zu lassen in die Erleichterung, dass wir nicht nur Hirte sein müssen, nicht nur immer achtsam und wachsam, das kann wunderbar sein. Weihnachten ist für mich, vermutlich in diesem Jahr besonders, das große Fest der Erleichterung. Das mag für jemanden, der in der Krise lange krank war, der seinen Job verloren hat und vielleicht sogar Menschen, die er liebt, zynisch klingen. Das weiß ich. Ich habe selbst meine Mutter früh verloren und Weihnachten war das Fest, das sich danach komplett verändert hat. Aber gerade deshalb glaube ich, aus eigener Erfahrung, zutiefst daran: Weihnachten ist das Fest der Erleichterung. Das Fest, das uns zeigt, wie wichtig es ist, Hirte zu sein – und dass wir es nicht die ganze Zeit über sein müssen. Das erleichtert, im wahrsten Sinne des Wortes.

Das englische Wort »to shepherd«, das ich vorher erwähnt habe, passt auch deshalb so gut. Denn es meint neben »schützen« auch »hüten« oder »behüten«. In Zusammenhang mit Weihnachten ist das für mich ein sehr emotionaler Ausdruck. Öfter hören wir, Weihnachten sei ein Fest der Geborgenheit, seien die Tage, an dem wir uns geborgen fühlen. Man spricht ja auch davon, dass man in den »Schoß der Familie« kommt. Schoß bedeutet Geborgenheit. Für mich selbst allerdings ist Geborgenheit ein schwieriger Begriff. Nicht, dass ich Geborgenheit für etwas Spießiges halten würde, überhaupt nicht. Ich konnte nur mit dem Begriff an sich zunächst nichts anfangen und musste sogar auf Wikipedia nachgucken, was genau damit gemeint ist. Im Englischen gibt es keinen Begriff, der exakt das ausdrückt, was man im Deutschen damit meint. Bei den Alternativen auf Wikipedia fand ich »behüten« und das trifft ins Zentrum meines Weihnachtsgefühls. Ich selbst habe in meiner Kindheit nicht das Gefühl der »Geborgenheit« gehabt. Mein Vater gab uns das Gefühl, beschützt zu sein, er strahlte Sicherheit, Orientierung, Verlässlichkeit aus – aber nicht Geborgenheit. Wenn bei Geborgenheit das Weibliche mitschwingt, das Weibliche Mariens, der Mutterschoß, die Wärme, die selbst die Kälte eines Stalls vertreibt, nein, dann habe ich Geborgenheit so nicht erlebt. Doch ich kann die Sehnsucht danach verstehen, ja spüren. Behüten hat für mich deshalb nicht nur die Schutzaspekte, die man von einem Hirten aus dem Baskenland, von einem Hirten generell erwarten würde. Behüten, das ist mehr, das hat auch das Weibliche, Hirte und Hirtin, wenn man so will. In Coronazeiten, in der Einsamkeit und Verzweiflung vieler Menschen, ist der Wunsch nach Sicherheit und dem Schutz vor dem Virus groß. Wir sehnen uns aber in diesen Tagen auch nach Geborgenheit oder eben dem Gefühl, behütet zu sein. Wie viele Menschen sind einsam und gehen daran kaputt? Die Feiertage sind für Singles oft der blanke Horror, Isolationserfahrungen auch ohne Corona. Aber nicht nur Singles, einsam können wir uns auch neben unserem Partner oder gar im Kreis einer Großfamilie fühlen. Weihnachten, und besonders jetzt unter den Coronabedingungen, ist der Stresstest für unser Beziehungsleben … Auch ein Stresstest der Beziehung zu uns selbst.

Die Krippenszene drückt die Sehnsucht nach Geborgenheit und dem Behütetsein aus. Ich denke manchmal: Wären nur die Hirten dort, würde einem das Jesuskind ziemlich leidtun. Klar, die Männer würden aufpassen, sie hätten sicher Mitleid, würden sich um etwas zu essen kümmern, Felle für den Kleinen holen, vielleicht auch ein beruhigendes Lied singen. Jesus wäre in Sicherheit und es würde ihm physisch nichts passieren. Aber wäre er auch in Geborgenheit, wäre er behütet? Behütet ist mehr für mich als geschützt. Manchmal geben auch fremde Menschen solch ein Gefühl. Normalerweise jedoch braucht es dafür eine besondere Beziehung. Nicht nur die Beziehung von Eltern zu Kind, nicht nur die Beziehungen in einer Familie, auch Freunde können einen sich behütet fühlen lassen. Nicht umsonst sind sie oft unsere Wahlfamilie, vor allem an Weihnachten. Niemand würde – sorry, alle Hirten! – sagen, Jesus sei im Schoß der Hirten gewesen. Genauso wird es für uns an Weihnachten sein: Der Schutz, der eigenen und der unserer Mitmenschen, steht an erster Stelle. Wir müssen akzeptieren, dass wir unter eingeschränkten Bedingungen feiern werden, dass uns möglicherweise nicht einmal zum Feiern zumute ist. Und trotzdem: Allein der physische Schutz wird nicht reichen. Wir wollen, suchen, brauchen Geborgenheit und das Gefühl, behütet zu sein. Das kann sich komplett unterschiedlich äußern. Man muss auch nicht an die Krippe, die Hirten oder Jesus glauben. Das ist nicht christlich, sondern schlichtweg menschlich. Wenn wir uns deshalb ein Fest der Geborgenheit wünschen, wünschen wir uns ein menschliches Fest. Für Christen eben das Fest, an dem Gott Mensch wurde – in Geborgenheit, trotz widriger Umstände und trotz allem Chaos.

Wie soll man in diesen Tagen Geborgenheit trotz allem geben? Isolation und Quarantäne sind für den Schutz da, nicht für die Geborgenheit. Ich selbst habe Geborgenheit erst später erfahren, bei der Mutter meines besten Freundes. Mama Ursula ist heute für mich *meine* Mama Ursula und für meine Kinder Oma Ursula. Sie macht die weltbeste Lasagne und mehrere weltbeste Kuchen. Die Kuchen und die Lasagne bekommen wir, wenn wir dort sind. Das werden wir an Weihnachten nicht sein, nicht physisch. Und trotzdem sind wir dort, weil wir über ein wunderbares Ritual miteinander verbunden sind. Wir werden zur Kaffee- und Kuchenzeit selbst Kuchen haben und anrufen. Wir werden auf Zoom sprechen oder Facetime und gemeinsam Kuchenzeit feiern. Weihnachten sowie andere Feier- und Festtage sind für uns Kuchenzeit mit Mama-Oma Ursula und das wird auch in diesem Jahr so sein. Die Isolation wird uns die Kuchenzeit nicht nehmen, wir werden es uns schmecken lassen. Josy, meine mittlere Tochter, wird ihre Chocolate-Chip-Cookies backen. Wir hatten sie im ersten Lockdown irgendwann verboten, zu verführerisch sind sie, schon allein der Duft der Kekse. Für Weihnachten sind sie wieder erlaubt, wir werden alle Konsequenzen auf der Waage hinnehmen … Und wir werden das Haus dekorieren, es warm und gemütlich machen – geborgen.

Wir werden etwas abgeben von diesem Gefühl an andere, an unsere Freunde, denen wir eine desinfizierte Keksdose vor die Nase stellen. Nicht nur Liebe geht durch den Magen, sondern auch Geborgenheit. Unser Weihnachten, das wird in diesem Jahr auch unter dem #trotzallem stehen: Wir werden #trotzallem feiern, #trotzallem singen und tanzen, #trotzallem backen und teilen, teilen vor allem. Wir werden #trotzallem Freude haben, auch Bedauern, aber vor allem #trotzdem Geborgenheit. Wir müssen vielleicht etwas kreativer sein, so wie auch Hirten manchmal kreative Lösungen finden müssen. Wir werden ruhig sein und schweigen und laut die Nacht genießen, wenn sie still und heilig wird. Wir alle können besonders unter diesen Bedingungen überlegen, welche Menschen, die wir kennen, an Weihnachten die Stille erfahren werden, nicht die Stille der Kontemplation, sondern die Stille der Einsamkeit. Ein simpler Anruf, eine Karte, eine Sprachnachricht, um das Fest der Geborgenheit zu teilen. Wieder kitschig? #trotzallemweihnachten! *That's it!*

Nischen, Frei-Räume und die Frage: Bin ich bei mir daheim?

Anselm Grün

Viele kennen diese Situation, haben sie erlebt auch weit vor Quarantäne und Notfallpläne, nur meistens nicht so drastisch: Im Urlaub zum Beispiel, wenn es draußen regnet, man in einer kleinen Ferienwohnung sitzt und alles um einen herum scheinbar enger wird, die Wände gefühlt näherrücken – und auch die Freunde oder Familienmitglieder. Wir sagen ja nicht umsonst, man würde jemanden »auf die Pelle« rücken, also bis auf die Haut. Man bekommt den persönlichen Raum weggenommen, den unsichtbaren Schutzraum um sich selbst. Man hat das Gefühl, kein Platz und keinen Raum mehr zu haben für sich. Man zieht sich zurück in sein Zimmer, doch schon bald wird auch das immer enger und bedrückender – wenn man überhaupt ein Zimmer hat. Es ist, als würde uns die Luft zum Atmen abgeschnürt, als hätten wir nichts mehr, wo wir einmal für uns sein können.

Das gilt nicht nur für Urlaube oder Fest- und Feiertage. Wir leben in einer Zeit, in der Wohnraum in vielen Gegenden immer knapper und teurer wird. Immer mehr Menschen ziehen vom Land und seinen Freiräumen in die Stadt mit ihrer Enge. Viele Menschen müssen sich am Stadtrand einrichten, in kleinen Wohnungen wohnen, sich platzmäßig auf das Nötigste beschränken. In Zukunft wird das in Ballungszentren sicher noch schwerer werden. Deshalb ist das, was man von einer Quarantänesituation lernen kann, wichtig, egal ob in verregneten Urlauben, nervenzehrenden Feiertagen oder immer öfter im Alltag.

Von außen betrachtet, haben wir Mönche es in unseren Klöstern besser. Diese großen und ausgreifenden Anlagen, bei uns in Münsterschwarzach zum Beispiel auch noch mitten in der Natur und der Idylle gelegen. Uns stehen Gemeinschaftsräume zur Verfügung, das Refektorium für das gemeinsame Essen, das Wort stammt vom lateinischen *refectio,* was so viel wie »Erholung« oder »Labung« bedeutet. Oder wir haben eine Klosterbibliothek und einen Klostergarten, auch das haben viele Menschen nicht. Andererseits stehen uns individuell nur wenige Quadratmeter zur Verfügung, wir haben wir nur wenig privaten Platz für uns allein. Wir leben in einer Zelle, das klingt für viele nach Unfreiheit und nach Gefängnis, nach etwas, aus dem man möglichst schnell ausbrechen soll. Tatsächlich aber ist die Zelle, und sei sie auch noch so klein, für uns unser ganz persönlicher Schutzraum. Wir lernen, auch auf wenigen Quadratmetern in Freiheit und Weite zu leben. Dabei geht es für uns nicht nur um den Abstand von einer Wand zur anderen Wand, sondern um die Öffnung nach oben, für uns auf Gott hin. Wer nur auf die Wände starrt, wird eine Zelle als klein und beengend empfinden. Wer dagegen diesen Raum zur Sammlung und Ausrichtung auf Gott begreift, wird ihn als Nische erleben, in der man ganz für sich ist.

Gerade in solchen Momenten, in denen wir äußerlich begrenzt werden, stellt sich uns unweigerlich die Frage: Was brauchen wir, um uns wohl zu fühlen in unseren vier Wänden? Was brauchen wir wirklich? Gerade jetzt lohnt es sich, mit wachen Sinnen und achtsam durch unsere Wohnungen oder Zimmer zu gehen und zu fragen: Fühle ich mich wohl hier? Was fehlt? Und, mindestens so wichtig: Was ist zu viel? Wir müssen uns fragen, wann und wo ist etwas »wohnlich« für uns, wo fühlen wir uns zuhause und was brauchen wir? Ist das für uns ein Zuhause oder unser Zuhause, ist das Heimat? Mehr noch: Kann ich zu Hause bei mir daheim sein? Kann ich überhaupt bei mir daheim sein?

Früher gab es in vielen Häusern einen Herrgottswinkel. Winkel, weil er meistens in einer Ecke eines Zimmers lag und von einem Kreuz gekennzeichnet wurde. Dort gab es oft eine Bibel, den Rosenkranz, eine Kerze, Ikonen oder Heiligenbildchen. Diese Traditionen gibt es heute immer weniger und das ist schade, denn: Wir alle brauchen solch einen Herrgottswinkel – für uns. Nicht nur zum Gebet, sondern als Platz, in den wir uns zurückziehen können, in dem wir bei uns sind, in dem uns keiner stört, in dem wir still werden. Ich selbst habe in meiner Zelle nicht viel und versuche, nur das Wichtigste zu behalten: Bett und Schreibtisch, ein Laptop, aber ohne Internet auf meinem Zimmer. Bücher, allerdings auch nicht mehr als unbedingt nötig. Und eine Ecke, die »meine Ecke« ist. Dort steht nicht viel mehr als ein Meditationshocker, eine Kerze, eine Christusikone. Doch diese Ecke ist immens wichtig. Ich habe mir, wenn man so will, innerhalb meiner Zelle noch einmal einen Raum geschaffen, einen Frei-Raum. Hier bete oder meditiere ich, hier werde ich still, hier bin ich ganz für mich oder im Gespräch mit Gott.

Solche Ecken kann und muss man sich unbedingt schaffen. Das kann ein eigenes Zimmer sein, wenn man die Möglichkeit und den Platz dazu hat. Das kann aber eben auch ein kleiner Hocker in einer Ecke sein, eine Bank auf der Terrasse, vielleicht sogar auch nur ein sonniges Fenster im Treppenhaus. Hauptsache, es ist »mein«

Herrgottswinkel, mein Frei-raum. Ich muss das Gefühl haben, mich dort hin begeben zu können, und in eine andere Realität einzutreten. Als würde ich die Enge, die mich manchmal bedrückt, verlassen und in einen Raum der Weite eintreten, der ganz mein und in dem ich ganz ich selber bin. Jeder von uns sollte sich, gerade in solchen Zeiten, so einen Frei-Raum schaffen. Überlegen wir, was uns guttut. Was brauchen wir, damit wir zur Ruhe kommen? Das kann ganz unterschiedlich sein: Der eine wird eine Kerze mögen, der andere einen weichen Teppich, der andere die Sonne durch das Fenster oder den Blick auf den Sternenhimmel. Es kann der Küchentisch sein, an den man sich morgens oder abends zurückzieht, lesend, meditierend, sich etwas gönnend. Suchen wir uns solch einen Ort – und haben wir dann auch den Mut, andere zu bitten, diesen Frei-Raum zu respektieren. In Partnerschaften, in der Familie, mit den Großeltern oder Kindern, für jede Form von menschlicher Gemeinschaft ist das essenziell und konkret umzusetzen.

Die Zelle ist für uns Mönche wirklich unser Schutzraum. Ursprünglich schrieb der heilige Benedikt in seiner Regel zwar im 22. Kapitel: »Jeder soll zum Schlafen ein eigenes Bett haben. Das Bettzeug erhalten die Brüder, wie es der Lebensweise von Mönchen entspricht und wie der Abt es ihnen zuteilt. Alle schlafen – wenn möglich – in einem Raum; lässt die große Zahl es aber nicht zu, ruhen sie zu zehn oder zwanzig mit den Älteren, die für sie verantwortlich sind.« Die Zellen als eigener Raum kamen erst später. Und doch formulierte bereits der Wüstenvater Johannes Cassianus den berühmten Satz: »Cella fecit monachum« – »Die Zelle formt den Mönch.« Heute liegen die Zellen in den Orden, die nach der Benediktsregel leben, in der Klausur. Sie sollen aber nicht nur vor Menschen, die nicht dem Kloster angehören, verschlossen sein. Die Zellen unserer Mitbrüder werden auch von uns im Regelfall nicht betreten. Man lädt nicht etwa zu einer Geburtstagsfeier »auf die Zelle« ein, wie man das vielleicht aus Internaten kennt oder ähnlichen Einrichtungen. Man kommt sich auch nicht einmal mal besuchen. Nein, die Zelle ist wirklich ganz für den einzelnen Mönch da, wirklich sein Privatraum. Dieses Gefühl, dass ich einen Platz habe, an dem ich sein darf und mein Refugium habe, ist etwas unglaublich Kostbares. Ich kann mich darauf verlassen, dass ich auch bei Streit oder Stress, wenn ich einmal nicht mit einem Mitbruder zurechtkomme oder andere Probleme habe, eine Zuflucht habe, im wahrsten Sinne des Wortes. Der große Kirchenschriftsteller Wilhelm von Saint-Thierry, zunächst Benediktinermönch und dann Zisterzienserabt, hat in seiner *Epistola aurea* ein Loblied auf die Zelle und ihre Bedeutung gesungen: Sie sei »heiliges Land« und »heiliger Boden«, die Zelle sei wie der »Himmel«. Nicht Isolation, sondern Frieden, sei das, was die Zelle bedeute, so Wilhelm von Saint-Thierry.

Im Mittelalter kennt man den Satz »cella est coelum«. »Die Zelle ist der Himmel, in dem der Mönch mit Gott allein ist.« Doch die Mönche in der Wüste –, die Wüstenväter aus dem 4. und 5. Jahrhundert –, kennen auch die Herausforderung, in der Zelle zu bleiben. Manchmal wird es zu langweilig in der Zelle. Dann möchten die Mönche am liebsten unter die Leute gehen, sich zerstreuen. Doch dann geben die Altväter den Rat: »Bleib in deiner Zelle. Die Zelle wird dich alles lehren.« In der Zelle zu bleiben, bedeutet, bei mir selbst zu bleiben, mich auszuhalten. Doch ich kann meine Wahrheit nur aushalten, wenn ich das Gefühl habe: Alles in mir darf sein. Alles in mir ist von Gott angenommen. Nur wenn ich mich angenommen weiß, kann in mir etwas Neues wachsen, kann ich mehr in meine eigene ursprüngliche Gestalt hineinwachsen. Doch schon vor 350 Jahren meinte der französische Mathematiker Blaise Pascal, das Problem des modernen Menschen bestehe darin, dass keiner mehr allein in seinem Zimmer bleiben könne. Wenn ich mich aber vor Gott in meiner Zelle, in meiner Nische aushalte, dann wird die Nische zu einer »Zelle des Friedens«.

Für eine solche »Zelle des Friedens« braucht man kein Kloster, keine Klausur. Wir können sie überall finden. Suchen wir uns »Zellen«, damit wir unsere Zuflucht haben, in der wir Lärm, Stress oder Streit einfach aussperren können. Nicht für immer, wir Mönche müssen ja in der Gemeinschaft leben, können uns nicht für ewig ausgrenzen. Aber für eine gewisse Zeit, eine Ruhepause, eine Auszeit, ist das von enormer Wichtigkeit. Wir müssen uns dafür nicht schämen oder ein schlechtes Gewissen haben: Nur wenn wir auf uns achten, wenn wir uns innere Ruhepausen gönnen, einen privaten Ort zum Verweilen, können wir für die Herausforderungen draußen, für das Zusammenleben, das nun einmal auch anstrengend sein kann, gerüstet sein. Wer nie einmal allein und bei sich ist, kann auch nicht bei den anderen sein. Das ist eine Erkenntnis, die uns erleichtern und entlasten kann: Wir dürfen nicht nur, wir sollen uns zurückziehen, gerade in Ausnahmesituationen. Jeder Mensch braucht seine Nische und es ist gut, wenn er sie findet, sie für sich und seine Bedürfnisse einrichtet und sich dorthin von Zeit zu Zeit zurückzieht. Wir brauchen Nischenzeiten in unserem Leben.

Das Wissen, dass es völlig in Ordnung ist, sich seinen Frei-Raum zu suchen, kann unglaublich erleichternd und entlastend sein. Nutzen wir diese Krise als Chance, uns zu überlegen, ob wir in unseren Wohnungen oder Häusern, also ganz konkret, genügend solcher Nischen haben. Suchen wir uns Nischen! Das deutsche Wort »Nische« kommt vom Lateinischen »nidus«, das Nest bedeutet. Eine Nische ist ein Nest, in dem wir uns geborgen fühlen, so wie ein Vogel sein Nest hat, das ihm Schutz und Geborgenheit schenkt. Nutzen wir die Zeit, um zu überlegen, wie wir unsere Wohnung zu »unserer« machen. Dazu gehört auch, dass wir genau darauf achten, dass wir achtsam dafür sind, was uns möglicherweise stört oder belastet. Im Kloster kommen der Abt und der Prior in regelmäßigen Abständen, um die Zelle zu sehen. Es geht nicht um Misstrauen oder gar Neugierde, sondern darum, dass ein Außenstehender uns mögliche Fehlentwicklungen spiegelt. Denn auch in einem Kloster kann es zu einer gewissen Verwahrlosung kommen, die in der Zelle sich zeigt. Oder es gibt Hinweise darauf, dass vielleicht nicht alles, was wir in unserer Zelle angesammelt haben, wirklich essenziell ist. Denn auch das hilft uns konkret: Die Zelle, die Wohnung, unsere Zimmer, können auch deshalb zu eng werden, weil wir sie vollstopfen. Eine solche Wohnung oder Zimmer kann nicht wohnlich sein. Es kann nicht genügend Frei-Raum bieten, sondern ist unweigerlich beengend. Vielleicht ist jetzt für die Chance Zeit, Frühjahrsputz zu machen! Ich selbst versuche zum Beispiel Bücher, die ich nicht unbedingt benötige und auch in der Bibliothek lesen kann, wegzugeben. Was ist mit Geschenken, die zwar gut gemeint, aber einfach zu viel sind?

Ich erlebe immer wieder Ehepaare, die sich nicht von Sachen trennen können, sich gegenseitig Vorhaltungen machen, der jeweils andere würde unnützes und überflüssiges Zeug aufheben – gerade, wenn man plötzlich länger daheim und zusammen ist, mag das einem mehr auffallen und auf die Nerven gehen. Deshalb sollte man die Zeit zum Entrümpeln nützen. Sich gemeinsam hinsetzen und überlegen, wie man sich selbst in seinen Wohnungen eingeengt hat. Was brauchen wir eigentlich nicht mehr? Was können wir loswerden, was dürfen wir aussortieren? Was wiederum ist uns wichtig, was ist uns lieb und im wahrsten Sinne »teuer«? Setzen wir uns hin mit unseren WG-Partnern oder unseren Kindern und fragen einfach mal: Fühlen wir noch wohl hier? Ist das für uns als Familie ein »Heim«? Haben wir genug Raum und Luft zum Atmen hier?

So ein Gespräch kann sogar auf eine andere Ebene führen, wenn wir darüber nachdenken, wie wir unser Leben gemeinsam wohnlicher machen. Wenn wir Dinge »ausräumen«, auch im übertragenen Sinne. Wenn wir darüber sprechen: Haben wir uns möglicherweise nicht nur Nischen gebaut, die wichtig sind, sondern vor einander barrikadiert? Unsere eigene Ecke ist wichtig, aber kommen wir auch wieder heraus? Und wie wollen wir unsere Wohnung, unser Leben einrichten, dass es wohnlich bleibt, dass es für uns Zuhause ist und Heimat? In einer Situation, in der wir wie selten auf uns und unsere vier Wände geworfen sind, ist das eine große Chance, wenn wir sie ernst nehmen. Und fragen wir uns auch: Gibt es neben unserer Zelle, und das ist mindestens ebenso wichtig, »Refektorien« im übertragenen Sinne? Denn die Privatheit und Abgeschiedenheit der Zelle wird erfüllt und ergänzt vor dem Hintergrund der Gemeinsamkeit beim Chorgebet, bei der Tischlesung, bei der *Recreatio.* Haben wir auch dafür richtige Orte, an der wir Partner oder Familie sein können? Haben wir uns so eingerichtet, dass wir auch schwierigere Zeiten überstehen, gemeinsam und für uns allein? Und nicht nur überstehen, sondern dass es uns gelingt, diese Frei-Räume neu für uns zu entdecken. Fragen wir uns und horchen hinein, um herauszufinden, was unsere persönlichen Nischen sind – und wie wir sie so gestalten, dass sie auch für uns Orte des Friedens und der Zuflucht werden.

Lob der Einfachheit – oder: Keep it simple!

Maite Kelly

Von unserer Weihnachtshitliste habe ich schon erzählt und dass sie jedes Jahr das Treffen alter und neuer Bekannter ist. Ein alter Bekannter, den viele kennen, ist ein kleiner Junge mit einer Trommel ... Die Melodie hat wahrscheinlich jeder direkt im Ohr: »Pa rapa pam pam ...« So eingängig und mitreißend, auf jeden Fall ohrwurmgefährlich, schon kleine Kinder können sofort mitsummen. Text und Melodie sind simpel – und das meine ich als großes Kompliment. Simpel ist im Deutschen oft negativ, der Simpel eine schlichte, naive Person, also alles andere als ein Kompliment. Im Englischen klingt das Wort *simple* allerdings ganz anders. Ja, ich glaube, dass sich sogar dahinter eines der wichtigsten Erfolgsrezepte für ein gelungenes Weihnachtsfest, für ein Fest überhaupt verbirgt: *Keep it simple*!

Der kleine Junge, der *Little Drummer Boy*, trommelt an Weihnachten auf allen Kanälen. Seine Botschaft ist, nun, simpel: »*I only have my drum.*« Der Boy hat nichts, was er vor den König legen könnte, kein Weihrauch, Gold und Myrrhe wie die Heiligen Drei Könige. Nichts, außer seiner Trommel und seinem Spiel, das er anbietet. Maria nickt und der Junge spielt und das Jesuskind lächelt. Ob er gelächelt hat, als die Weisen ihre Gaben gebracht haben? Zumindest kenne ich kein Lied darüber ... Der Unterschied ist auch nicht so wichtig. Wichtig ist, dass der Junge nur seine Trommel hat. Der *Little Drummer Boy* schenkt Jesus sich und sein Spiel, und das ist genug.

Für mich als Künstlerin hat diese Szene natürlich eine hohe Aussagekraft: Wir müssen nicht unbedingt Geschenke hinlegen, wir können Menschen selbst mit einem kleinen und kurzen Lied zum Lächeln bringen. Die Menschen im Herzen zu ergreifen, das ist unser Geschenk. Und: Der *Little Drummer Boy* ist für mich der Inbegriff des Spruchs *Keep it simple*. Er zeigt, dass etwas, was zunächst belanglos erscheint und völlig einfach daherkommen mag, tiefe Wirkung erzielen kann. Dass es einen anderen Menschen berühren und ihm Freude schenken kann, Weihnachtsfreude.

In Corona-Tagen werden viele von uns sich vorkommen wie der *Little Drummer Boy*. Was haben wir denn anzubieten angesichts der furchtbaren Nachrichten jeden Tag? Wer sind wir, dass wir feiern wollen, dass wir überhaupt von Weihnachtsfreude reden, singen oder, wie jetzt, schreiben angesichts des Leids und der Not, die die Krise über die Welt gebracht hat? Man kann und darf das nicht ignorieren. Es gehört zu unserer Realität und all das Leugnen ist menschlich ein Skandal. Wir müssen diese Realität anerkennen, müssen alle Maßnahmen unternehmen, die sinnvoll sind. Wenn ich an die Krippenszene denke, kommt mir deshalb auch der Begriff des Gehorsams in den Sinn. Maria muss ihr Kind in einem Stall zur Welt bringen, weil die beiden, Maria und Joseph, einer rechtlichen Anordnung gehorchen und dem Befehl des Kaisers folgen. Der Gehorsam führt die beiden zunächst in die Isolation und die Einsamkeit des Stalls. Dort aber werden sie gefunden, zuerst von den Hirten. Die Weihnachtsszene ist für mich daher Ermutigung und Anstoß, gehorsam zu sein und das Meinige zu tun, um sinnvolle Regelungen einzuhalten, und zugleich das Vertrauen zu haben, nicht einsam an Weihnachten zu sein. Mache ich es mir damit einfach, weil ich ja Familie habe? Nein, auch in Familie kann man sehr einsam sein. Die Einsamkeit, die viele an diesen Tagen erleben werden, selbst wenn sie allein sind, finde ich schrecklich. Doch ich bin zutiefst überzeugt von diesem Aspekt der Weihnachtsbotschaft und davon, dass wir selbst aus der Abgeschiedenheit des Stalls, der Einfachheit der Krippe heraus zu einem Fest kommen können.

Der Stall ist die szenische Verkörperung der Einfachheit. Sicher hätten sich die beiden etwas anderes gewünscht – welche Mutter möchte schon unter solchen Umständen ihr Baby zur Welt bringen?! Hätte man ihr *keep it simple* zugerufen, ich wäre an ihrer Stelle vermutlich wütend geworden. Ich finde es wichtig, dass dieser Teil der Weihnachtsgeschichte nicht verklärt wird: Daran ist, trotz der Abertausenden Darstellungen, nichts romantisch. Und trotzdem hilft uns der Blick auf die Einfachheit, uns von Erwartungen und Druck zu befreien, die jedes schöne Ereignis, ob Fest mit Freuden und Familie oder Date zu zweit, ruinieren können. Der Perfektionsdruck, der vielleicht bei Frauen an Weihnachten noch größer ist, zumindest in meinen Familien- und Bekanntenkreisen, ist Gift. Wir stressen uns in einen Weihnachts-Perfektionismus hinein, da sind Streit und Frustration vorprogrammiert.

Als Mutter erlebe ich jeden Tag, dass meine Kinder älter und größer werden und damit die Welt komplexer und komplizierter. Ein Stall ist am Anfang noch relativ überschaubar, wenn es aber rausgeht, dann ist das schon anders. Umso wichtiger finde ich es, dass wir Momente der Einfachheit haben, gehobener ausgedrückt: der Komplexitätsreduktion. Rituale dienen dem, weil sie uns Struktur schenken und dadurch den Alltag vereinfachen. Wie heißt es so schön bei den Mönchen: *Structure brings order and order brings peace* – Struktur bringt Ordnung und Ordnung bringt Frieden. Auch dahinter steckt die Devise, es einfach zu halten. Eine Kerze anzuzünden ist nicht spießig oder esoterisch, sondern kann unglaublich viel ausdrücken. Es mag simpel aussehen, doch die Wirkung spüren wir. Es ist nichts dagegen zu sagen, ein Fest auch festlich sein zu lassen. Doch festlich bedeutet nicht automatisch prunkvoll. Wenn wir Weihnachten zu komplex werden lassen, kann die Faszination dieser Tage verloren gehen, unabhängig davon, ob man Christin ist oder nicht. Das ist wie bei einem exotischen Wein, den jemand an Weihnachten ausschenkt. Sicher, der ein oder andere Profi wird damit etwas anfangen können. Doch für die meisten ist der Wein vermutlich zu komplex. Man erfasst seinen Wert nicht, weiß Preis und Aufwand nicht zu schätzen, frustriert vielleicht sogar den, der ihn mitgebracht hat. Der einfache und gute Wein, der uns nicht überfordert beim Weihnachtsessen, ist so ein konkreter Ausdruck von *keep it simple*. Wir wollen Weihnachten genießen und uns nicht beim Essen auch noch anstrengen müssen.

Das Weihnachtsgebot der Einfachheit könnte in diesen Tagen der Corona-Pandemie so essenziell sein wie selten. Gefühlt ist alles komplexer geworden, wir können Zahlen, Entwicklungen und Zukunft nicht mehr überblicken. Wir mögen im Lockdown sein, doch das ist nicht die Abgeschiedenheit und Einfachheit des Stalls. Corona führt uns die Komplexität von Leben seit Monaten vor Augen. Umso entlastender und erleichternder kann ein Weihnachtsfest der Einfachheit sein. Corona als ständige Anforderung zur Adaption bekommt eine Weihnachtpause, ein Innehalten. Für wenige Stunden zumindest lassen wir uns aus der Komplexitätsspirale herausfallen. Herausfallen – und fallen wohin oder worauf? Fallen auf die Basics. Die Basics der Gemeinschaft, des einfachen Feierns, der geteilten Freude, die Basics des *Little Drummer Boys*, der Achtsamkeit und des Sich-Schenkens. Christlich auf die Basics Jesu, die ganz simpel sind, einfach, aber nicht einfältig. *Back to the basics* ist ein Kanon von Weihnachten – dieses Jahr vielleicht mehr denn je.

Für mich als Christin führt die Einfachheit Weihnachtens zum Zentrum der Botschaft. Das ist doch solch ein Schock, schon fast ein Skandal, dass Gott Mensch wird, und dass in diesem Stall! Doch er bleibt nicht einsam und es kommen die unterschiedlichsten Menschen, um ihn anzubeten. Diese Anbetung ist für mich spirituell das Zentrum. Ich habe in meinem Schlafzimmer eine Gebetsecke, schlicht und unspektakulär: nur eine alte, weiß überstrichene Jesusstatue, die ich für 18 Euro im Flohmarkt ergattert habe. Er tat mir leid, der Jesus, wie er dort so allein stand – jetzt steht er seit Jahren an meiner Seite. Ansonsten habe ich dort in meiner Ecke nur noch einen Rosenkranz von Johannes Paul II., eine Kerze, geweihtes Wasser sowie mein Gebetbuch. Mehr brauche ich nicht. Früher habe ich länger mit dem Gedanken gespielt, ins Kloster einzutreten und ein kontemplatives Leben zu wählen. Mein Leben verlief anders und so lebe ich meine Mutterschaft und deren geistliche Dimension auf diese Weise. Eines ist dabei gleich geblieben: Die Anbetung ist für mich ein zentrales Element meines geistlichen Lebens.

Jeden Morgen stehe ich auf und meditiere vor dem Herrn, meine Gebetsecke ist mein Anker. Auch tagsüber, wenn ich zum Beispiel nachdenken oder als Unternehmerin Entscheidungen treffen muss, meditiere oder bete ich hier. In allen Belangen lege ich mein Herz vor Gott hin, nichts, was ich in meinem Leben tue, steht nur für sich allein. Ich versuche, in allem Gottes Klang für andere zu sein, und bitte ihn, mein Herz und meine Taten wie eine Klangschale für andere werden zu lassen. Ich möchte in allem, was ich tue, die Menschen lieben und Jesus lieben, auch wenn das schwerfällt. Ich sitze mit diesen Gedanken auf meinem Yoga-Kissen vor der Jesusstatue und der Kerze und in diesem Augenblick ist die Welt ganz einfach, ich bin ganz da, ich bin das *Little Drummer Girl* und nur bei Baby Jesus, der zu meinen Worten und meinem Trommeln lächelt, sogar auf und ab hüpft. Ich spüre Direktheit und Vertrautheit, die mich ganz erfasst und umfasst. Und ich bin überzeugt, dass es so den Hirten oder Weisen gegangen sein muss, obwohl sie nicht einmal allein an der Krippe waren. Das weihnachtliche *Keep it simple* und *Back to the basics* ist in diesen Tagen die beste Antwort auf die Gefühle der Überforderung und Hektik. Dabei kann man sich wunderbar von Kindern inspirieren lassen. Das, was einfach ist, bringt sie oft am schnellsten ins Staunen. Ich will das nicht glorifizieren, Kinder haben oft auch große Wünsche und unerfüllbare Träume, und mancher Wunschzettel bringt einen richtig ins Schwitzen. Aber ganz oft erlebe ich, dass meine Kinder lieber das einfache Gericht wollen, nur die Kerze am Adventskranz anzünden möchten, sich einen gemeinsamen Filmabend wünschen und das ein Highlight für sie ist. Vielleicht steckt das *Keep it simple* auch hinter dem berühmten Satz von Jesus: Werdet wie die Kinder! Geht zurück wie sie zu den Basics und staunt darüber. Bekommt große Augen, lasst euch überraschen. Wer nur Perfektion will, wird alles planen. Wer alles plant, lässt sich selbst oft keinen Raum für Überraschungen. Doch gerade Weihnachten ist das Fest der Überraschung; das Fest des Staunens, dass Gott Mensch wird, und das in einem simplen Stall. Weihnachten für alle, ob christlich oder nicht, ist die Überraschung, dass die Einfachheit nicht selten der Schlüssel zur Zufriedenheit ist. Denn neben der Weihnachtsfreude sehnen wir uns tief in unserem Herzen am meisten nach Weihnachtszufriedenheit. Zufriedenheit, die oft ganz simple und basic ist.

Anselm Grün

Seit 46 Jahren feiere ich Weihnachten im Kloster. Wir haben unsere Liturgie, seit Jahrhunderten tradiert und übermittelt, und die Rituale und Gewohnheiten. Wir schöpfen dabei aus einer langen Erfahrung und dürfen dankbar den Mitbrüdern vor Jahrhunderten sein. Unsere Ordensgemeinschaft hat in den mehr als 1500 Jahren ihrer Geschichte zahlreiche Krisen erlebt und trotz allem Weihnachten gefeiert, unter zum Teil auch sehr schwierigen Umständen und Umbrüchen. Unser Orden ist beispielsweise in der Zeit der Völkerwanderungen entstanden. Ich selbst erinnere mich noch, wie ältere Mitbrüder von den Weihnachtserfahrungen im Krieg erzählten. Wie schwierig es war, wenn das Chaos und der Schrecken des Krieges am »Friedensfest« tobten, wie sie aber zugleich auch immer wieder in verschiedenen Augenblicken, oft nur sehr unscheinbaren, die Sehnsucht des Menschen nach dem Zentrum der Weihnachtsbotschaft erlebten. Berühmt ist beispielsweise die Begebenheit aus dem Ersten Weltkrieg, als am 24. Dezember 1914 die verfeindeten Soldaten gemeinsam sangen, die Deutschen »Stille Nacht, Heilige Nacht«.

Ich will die Situation, die Krise, die wir derzeit erleben und die sicherlich in vielerlei Hinsicht für uns heute in Deutschland oder Europa beispiellos ist, nicht mit den

Schrecken der Weltkriege vergleichen. Doch sicherlich wird Weihnachten in diesem Jahr für die meisten Menschen anders, ungewohnt und auch beschwerlich werden. Für uns im Kloster werden viele Dinge gleich bleiben, aber nicht alle: Unsere Kirche wird leerer sein und wir werden nicht so einfach unsere Familien sehen können. Wir haben unsere Gemeinschaft, unsere Liturgie, unsere Abläufe und unsere Benediktregel, die uns Struktur selbst in diesen turbulenten Tagen gibt, Stabilität. Und dennoch wird auch bei uns im Kloster Weihnachten anders sein.

Die Krise macht vor dem Advent und der Vorweihnachtszeit nicht Halt. Zum Zeitpunkt des Verfassens dieses Buches weiß keiner, was geschehen wird. Wir lesen und hören viel von Maßnahmen, Plänen, Hochrechnungen, Argumenten für und gegen, Anfeindungen und Vorwürfen. Die Diskussionen sind oft sehr emotional – verständlich, es geht um eine Ausnahmesituation, zumindest was unsere Erfahrungen hier in Deutschland anbelangt. Es sind berechtigte Fragen, die wir als mündige Bürger stellen und die transparent und nach bestem Wissen und Gewissen beantwortet werden müssen. Nur erleben wir derzeit, dass das Wissen von gestern über die Krise morgen schon überholt scheint. Und wir müssen bei all den Debatten mit Blick auf Weihnachten erkennen, dass sie nicht unseren kompletten Alltag einnehmen können.

Es geht dabei nicht um eine Flucht ins Private. Doch muss ich ab und zu mit Blick auf die bevorstehenden Feiertage an ein Weihnachten in den Tagen der »Achtundsechziger« zurückdenken. Die Gesellschaft war in unterschiedliche Lager gespalten, unsere Klostergemeinschaft zum Teil auch. Schon davor wurde debattiert und auch gestritten, und am 24. Dezember war es nicht anders. Den gesamten Abend lang wurde diskutiert über Politik und Gesellschaft, angeregt und teilweise durchaus anregend. Nur ich spürte: Mit Diskutieren allein kann man nicht Weihnachten feiern. Das Wesentliche schien mir verloren zu gehen, sogar hier im Kloster. Irgendwann ging ich auf mein Zimmer. Weihnachten ist für mich wesentlich ein Fest der Stille, und an diesem Tag suchte ich sie besonders. Ich holte Weihnachtskarten heraus und betrachtete sie. Sie zeigten, dem Zeitgeist entsprechend, idyllische Szenen. Und ich erkannte, dass wir die Realität unseres Lebens und unserer Gesellschaft nicht ausblenden können, in diesen Tagen die große Zerrissenheit, aber auch, dass dies nicht die ganze Wahrheit, sondern nur ein Teil war. Dass es eine Realität gibt, die verdeckt und übertönt wurde, das Geheimnis. Heute stehen wir wieder vor einer Situation, dass unsere Gesellschaft zerrissen, ja sogar gespalten ist. Das müssen wir anerkennen und uns einbringen, um diese Spaltung zu überwinden, um Wunden in der Gesellschaft, beim anderen und uns zu heilen. Nur gehört zu dieser Heilung die Weihnachtsbotschaft essenziell dazu. Wir sprechen nicht umsonst vom Heiland, der Versöhnung bringt und Frieden. Gerade jetzt, an diesem Corona-Weihnachten, ist die Botschaft der Versöhnung wichtig und stark.

Die derzeitigen Debatten müssen geführt werden, mit Seriosität und Ernsthaftigkeit. Von Nicht-Christen und Christen, das Virus ist keine Glaubenssache. Auch Solidarität nicht, wenngleich für Christen darin das Gebot der Nächstenliebe anklingt. Wir Mönche kennen verschiedene Arten von Solidarität, natürlich allein aus unserer Spiritualität und vor dem Evangelium mit den Armen. Beziehen wir die Solidarität aber nur einmal auf die Gemeinschaft, der wir angehören, ist es die Solidarität mit der konkreten Klostergemeinschaft und mit unserer Ordensgemeinschaft. Wir verhalten uns unseren Mitbrüdern vor Ort solidarisch, oder sollen es zumindest, aber eben auch unseren Ordensmitbrüdern, ob in Italien oder China. Das Spannende daran: Die *Stabilitas loci*, die »Beständigkeit des Ortes«, die wir bei der Profess geloben, kann dafür inspirieren, wie man damit umgeht, an einen Ort gebunden zu sein. An Weihnachten werden viele Menschen eine ganz neue Art der »Beständigkeit des Ortes« erleben, die sie so kaum kennen und die sie sich auch nicht ausgesucht haben. Trotzdem diese Regeln anzuerkennen, ist dann nicht nur eine Frage des Gehorsams gegenüber den Weisungen, sondern auch der Solidarität. Das Verhältnis von Nähe und Distanz taucht hier in einer neuen Facette auf, aber auch praktische Fragen: Wie »stabil« sollte ein Mensch leben, um stabile Beziehungen zu haben, die ihn in Krisen wie diesen trägt? Oder ökologisch betrachtet: Welche Reisen sind wofür nötig und was bedeutet es für das Klima und damit die gesamte Welt – auch das eine Frage von Solidarität. Der Slogan »Global denken, lokal handeln« ist auf diese Weise Ausdruck intensiv und solidarisch gelebter *Stabilitas*, nicht nur, aber ganz besonders an Weihnachten.

Ich erinnere mich in diesen Tagen noch an ein anderes Weihnachten in den damaligen Tagen. Ich studierte an unserer Ordenshochschule Sant'Anselmo in Rom Philosophie und Theologie. Obwohl ich hier mit Benediktinern, Mitbrüdern meines Ordens, zusammen war, so fühlte ich mich doch etwas einsam und fremd in der neuen Umgebung und getrennt von der Familie. Ich hatte keinen Christbaum, keinen Weihnachtsschmuck, sondern nur einige Bilder. Eines war für mich besonders wertvoll: Maria, die das Jesuskind hält, aus der Franziskuskapelle in Assisi. Ein ganz einfaches Bild, doch es gab mir Geborgenheit.

Ich habe diese und einige andere Darstellungen, die mir Geborgenheit in der Fremde schenkten, aufgehoben. Für mich drücken sie gerade in ihrer Einfachheit und Schlichtheit das Geheimnis dieser Tage aus. Sie öffnen das Herz und wecken eine tiefe Freude. Das kann eine sehr stille Freude sein, die aber ansteckend wirken kann. Ich spüre dann, in meiner Zelle allein, was es bedeutet, wenn wir sagen: Man kann nur dort daheim sein, wo das Geheimnis wohnt. Oder wie Ernst Bloch sagt: »Heimat ist das, was jedem in die Kindheit scheint, und worin noch niemand war.« So scheint das Geheimnis Weihnachtens immer durch, wir haben eine Ahnung davon, es ist etwas, was uns erwartet. Das Bild Mariens, mit dem Kind im Schoß, der Geborgenheit, Getragensein, nichts leisten zu müssen ausdrückt, lässt uns diese Ahnung als Hoffnung an Weihnachten spüren.

Dieses Bild von der Mutter mit dem Sohn im Schoß ist ein ganz ursprüngliches, eine Basis des Menschseins. Wir sollten es allerdings nicht als reine Sehnsucht nach der Kindheit oder der Mutter begreifen, das wäre rückgewandt. Es ist eine Sehnsucht, die nach vorn zeigt, die uns Staunen lässt, die Freude schenkt und Freude weiterschenken lassen kann. Das Staunen mag in diesen Tagen schwerer fallen als sonst. Wir tun deshalb gut daran, auf die kleinen Impulse zu achten, die uns staunen lassen, selbst in harten und rauen Zeiten. Ich habe die Hoffnung, dass wir an diesem Weihnachten, das wir anders feiern müssen, kreativ angehen, dass wir neue Formen der Solidarität, aber auch der Freude entdecken. Dass die Weihnachtsfreude neu und anders in uns geboren wird und dass wir uns dafür öffnen, schon in der Adventszeit. Wir Mitbrüder haben im Konvent überlegt, welche Angebote wir machen können, wenn wir nicht wie sonst die Liturgie mit den Menschen feiern werden. Wir sind auf der Suche nach Möglichkeiten, ihnen anders als sonst an Weihnachten nahe zu sein, ihnen auch eine Hilfe zu sein, nicht jeder wird, wenn das große Familienfest wegfällt, eine kleine Feier gestalten können. In diesem Jahr sind Kreativität und Fantasie besonders gefragt, von uns Mönchen im Kloster wie von Familien, Gruppen und jedem Einzelnen. Begreifen wir die Tatsache, dass wir Heiligabend und die folgenden Tage nicht wie sonst feiern können, auch als Chance für neue Rituale.

Die Fantasie sollten wir uns nicht für den Heiligabend aufsparen, der Advent ist in diesem Jahr vielleicht mehr denn je geeignet für eine kreative Vorbereitungszeit. Solche Überlegungen können sehr wertvoll sein, denn: Freude können wir nicht einfach so an Weihnachten machen, mit keinem Bild und keinem Weihnachtsoratorium der Welt. Sie ist kein Produkt, das der Mensch mit ein paar Handgriffen herstellt. Freude braucht deshalb auch kein aufwendiges Drumherum. Weihnachtsdekoration ist schön und tut uns gut, weil wir mit allen Sinne Weihnachten feiern wollen. Wir schmücken unser Zuhause für uns, aber auch, weil das Geheimnis an Weihnachten in unserer Mitte geboren wird. Doch selbst wenn wir keinen Schmuck zur Verfügung haben, wenn übliche Rituale und liebgewonnene Gewohnheit ausfallen müssen, können wir einfach Freude entdecken. Damals in Sant'Anselmo, als ich nichts hatte, war das Eigentliche mir sehr präsent. Dieses Eigentliche ist die Basis von Weihnachten, die *basics,* wie es Maite Kelly ausdrückt. In Rom fühlte ich mich allein, doch dort war das Eigentliche und eine Erfüllung, die meine Einsamkeit verwandelte. Diese Hoffnung, dass sich etwas verwandelt, dass etwas Neues geboren wird, trägt mich besonders in diesen Tagen auf Weihnachten hin. Die Weihnachtsbotschaft ist in dieser Hinsicht ein Geheimnis und doch zugleich einfach. Sie ist einfach Leben und einfach Freude. Wir können Freude nicht machen. Aber wir können uns für sie entscheiden. Wer sich für sie entscheidet, verdrängt keineswegs den Schmerz. Im Gegenteil: Wer den Schmerz verdrängt, verdrängt auch die Freude. Verschließen wir daher in diesen Tagen nicht unsere Augen vor dem Schmerz in der Welt. Doch verschließen wir unsere Augen auch nicht vor der Freude. In ihrem Licht, in ihrer Kreativität und in ihrer Einfachheit.

Weißt Du noch – oder: Fest der Freude und Gelassenheit

Anselm Grün

Weihnachten wird in diesem Jahr ein Bruch mit vielen Gewohnheiten bedeuten. Wir werden Dinge neu lernen müssen, uns arrangieren müssen mit Umständen, die schwierig sind, die uns bedrücken und belasten. Das mag uns unpassend und nicht angemessen vorkommen für dieses Fest. Doch tatsächlich beinhaltet die Weihnachtsbotschaft viel von dem, was wir jetzt täglich erleben. Die Corona-Zeit, mit ihren Schrecken, Hindernissen und Angst, kann für uns ein Moment sein, Weihnachten neu zu entdecken. Das macht die Trauer und den Schmerz, den wir in diesen Tagen erleben und vorher bereits erlebt haben, nicht ungeschehen. Und doch gibt es zahlreiche Parallelen zwischen dem Zentrum der weihnachtlichen Botschaft und dem, was wir gerade erfahren.

Wir werden an diesem Weihnachten mit dem Schmerz, und sei es dem Schmerz darüber, dass wir lieb gewonnene Traditionen nicht leben und wichtige Menschen nicht treffen können, konfrontiert sein. Es wird dann nicht darum gehen, diesen Schmerz zu verdrängen, weder den eigenen noch den anderer. Wir müssen akzeptieren, dass dies eine Realität ist. Corona ist der Realitätscheck, der uns aus vielen existenziellen Wolkenschlösschen herausgerissen hat. Die Flüchtigkeit unserer Gewissheiten und die Fragilität unseres Alltags werden uns seit Wochen und Monaten vor Augen geführt und es steht zu befürchten, dass das nicht zum letzten Mal so sein wird. Letztendlich sind wir geworfen auf das Leben, wie es nun einmal ist. Wir erfahren die Unberechenbarkeit des Lebens mit voller Kraft und Eindrücklichkeit. Um dieses Leben, mit seinen hellen und dunklen Seiten, geht es an Weihnachten. Gott wird Leben, wird Mensch, das ist das Geheimnis dieses Festes. Für Gott ist die Menschwerdung letztlich auch ein Realitätscheck, wenn man so will, die buchstäbliche Konfrontation mit dem Menschsein. Nicht mehr nur Wort, sondern Fleisch. Mozart hat dieses Menschwerden als Herabsteigen Gottes in seinen Credo-Vertonungen häufig betont und wiederholt, das *descendit*. Gott dringt tief ein in das Menschsein und verwandelt uns bis in den Grund der Seele hinein. Das wird in der Musik Mozarts hörbar. Mozarts Musik ist keine oberflächliche Musik, aber trotzdem optimistisch. Alles Dunkle wird erhellt, das Harte weich. Die Fleischwerdung Gottes, die Inkarnation wird bei Mozart hörbar, spürbar, nach allem Dunklen und Dissonanten wandelt sich die Musik Mozarts ins Zärtliche, ins Weiche, ins Liebevolle hinein. Er lässt uns spüren: Das Herabsteigen Gottes, das auch Dunkelheit bedeutet, ist letztlich von der Liebe durchflutet.

Die Liebe Gottes ist eine, das versichert uns die Weihnachtsbotschaft, die alle Facetten des Menschseins und des Lebens umfasst. Es ist keine Liebe, die oberflächlich bleibt, sondern die Realität des Lebens annimmt. Das bedeutet in diesen Momenten: Wir müssen an Weihnachten unsere Ängste und Verzweiflungen, unsere Wünsche und Hoffnungen, die die Unsicherheit der Corona-Krise bringt, nicht ausblenden. Wir dürfen darum trauern, dass wir Menschen, die wir lieben, nicht umarmen dürfen. Jesus kam im Stall zur Welt und brachte Licht in das Dunkle dieser tristen Umgebung. Jesus möchte auch unseren Stall verwandeln und aufhellen. Unser Stall, das ist der Raum, in dem wir all die ungelösten Konflikte, die verdrängten Gefühle, die vergiftete Atmosphäre abgeladen haben. Was allerdings abgeladen ist, wirkt sich weiter negativ aus. Es ist nur verdrängt, nicht verwandelt. Jesus aber, so ist die Botschaft von Weihnachten, verwandelt, auch unseren inneren Stall. Sein Licht wirft einen milden Schein über alles, was in unserem Stall herumliegt. So erleben wir den Stall nicht mehr als Chaos, sondern als Heimat. Wir können darin daheim sein, weil das Geheimnis selbst darin wohnt.

Diese Verwandlung ist das zentrale Geheimnis der Weihnachtsbotschaft, sie nimmt die Realität des menschlichen Lebens zutiefst ernst und bricht zugleich das Dunkel. Weihnachten ist deshalb das Fest, das bei allen Hindernissen genau zur richtigen Zeit kommt. Wir leben in Corona hinein ins Dunkle der Unklarheit und Ungewissheit. Weihnachten nimmt diese Ungewissheit an und blickt zugleich auf das Licht der Welt. Damit ist nicht nur das Licht gemeint, an das Christen glauben. Weihnachten bedeutet, Licht ins eigene Dunkle der Seele zu bringen. Indem ich es anerkenne und nicht verdränge, habe ich die Möglichkeit, mich damit zu versöhnen. Die Adventskerzen sind auch Symbol dafür, dass wir uns auf Weihnachten hin so vorbereiten, dass wir uns öffnen, um uns innerlich heller und lichter zu werden. Die vier Kerzen drücken aus, dass alle Bereiche unseres Leibes und unserer Seele und alle Bereiche unseres Miteinanders vom Licht Christi erhellt werden. Und der Adventskranz ist die Verheißung, dass unser Leben gelingt und dass unser Miteinander gelingt. In Corona-Zeiten, in denen wir so viel Wirrnis in unseren Seelen spüren, so viel Dunkel, auch Zorn und Wut und Enttäuschung, ist dieses Licht die Aufforderung und Ermutigung, ob gläubig oder nicht, das Licht im Stall seiner Seele heller werden zu lassen. Es mag paradox anmuten: Gerade in einer Zeit, in der wir gefühlt weniger Kontakt und mehr Stille in unserem Leben haben, ist die Advents- und die Weihnachtszeit eine Chance, auf den inneren Lärm zu hören, die lärmenden

Gedanken loszulassen und stiller zu werden. Diese Stille, das ist nicht die Stille der Isolation oder einer innerlichen Betäubung, sondern ein aktives Hineinhören und ein Friedenschließen mit sich. Weihnachten als Friedensfest beginnt im Innerlichen und lässt uns mit neuen Augen auf den anderen blicken – und das ist gerade jetzt, in diesen Zeiten, besonders wichtig. Wie groß ist die Gefahr, dass wir, nach all den neuen Erfahrungen der Quarantänezeit, uns streiten und entzweien! Gerade deshalb sind die Stille und der Friede so entscheidend für das Gelingen dieses Festes. Setzen wir uns damit auseinander, dass wir die, die wir nicht treffen können, vermissen. Doch wälzen wir es nicht auf die ab, die wir treffen, oder gar auf uns selbst. Suchen wir uns Momente der Stille, und zwar praktische Auszeiten an den Weihnachtsfeiertagen, bereiten wir uns darauf im Advent vor, um Frieden mit uns und den Menschen um uns herum zu spüren. Erlauben wir uns Momente des Ärgers und Genervtsein, das ist menschlich, besonders in solch existenziell intensiven Zeiten wie jetzt. Doch denken wir auch daran, dass Weihnachten dieses Jahr anders sein wird und unsere alten Rituale uns Halt schenken können. Dass Weihnachten andererseits immer auch das Fest des Neuen ist, durch die Geburt Jesu. Papst Leo der Große sagt in seiner Weihnachtspredigt, dass Gott an Weihnachten mit uns einen neuen Anfang feiert. Wir dürfen die vergangenen Konflikte, die Vergangenheit mit ihren Enttäuschungen und Verletzungen loslassen und neu mit uns und miteinander anfangen. Das bedeutet auch, dass wir mit neuen Augen auf den anderen blicken, und dass wir uns neugeboren fühlen, als neue Menschen, die fähig sind zum Frieden.

Der christliche Friedensbegriff geht von drei Wörtern aus: dem griechischen *eirene*, das aus der Musik stammt und so viel wie Einklang meint. Frieden entsteht, wenn die vielen Töne zusammenklingen, wenn die Dissonanzen und Konsonanzen unseres Lebens eine Harmonie ergeben. Wir haben so viele Misstöne in diesen Tagen hören müssen, dass der Weihnachtsfriede die Chance ist, unsere eigenen innerlichen Töne in Einklang zu bringen und zugleich uns mit den vielen Tönen um uns herum. In Zeiten von populistischem Schreien und den tiefen Gräben in unserer Gesellschaft ein hohes Ziel. Dafür braucht es *pax*, der lateinische Begriff, der von *pacisci* herrührt. Das bedeutet, miteinander zu sprechen, zu verhandeln, sich auszusprechen, Kompromisse einzugehen. Weihnachten ist das Fest der Stille und des Schweigens, aber auch der Aussprache und manchmal auch des Kompromisses. Wir werden in diesem Jahr nicht alle unsere Wünsche und Erwartungen erfüllen können – *pax* als Inspiration ein Ansporn, die Feiertage zu Friedenstagen werden zu lassen. Zuletzt der deutsche Begriff Friede, der mit Freiheit und Freiraum zu tun hat. Lassen wir an den Feiertagen uns und anderen Freiraum, vor allem dann, wenn wir so eng zusammen sein werden, wie wir das möglicherweise nicht gewohnt sind. Im Deutschen *Friede* steckt zudem der Gedanke der Freundschaft – an Weihnachten Freundschaft mit uns und anderen zu schließen, und als Christ mit Gott, ist die beste Möglichkeit, um etwas Frieden an diesen Tagen zu erleben. Und dieser Friede ist die Chance, Luft zu holen, durchzuatmen, die eigenen Regungen zum Schwingen und Klingen zu bringen. Wir mögen äußerlich eingeschränkt sein durch Regeln und Vorschriften, die nötig sind in dieser Situation. Doch der Friede des Weihnachtsfestes kann uns inneren Freiraum schenken und uns so der Enge entfliehen lassen. Diese Weite eröffnet uns den Raum, um uns für ein anderes Gefühl zu öffnen: der Freude.

Die Freude können wir nicht einfach machen oder gar erzwingen. Wir können nicht erwarten, dass wir an Weihnachten zusammenkommen und plötzlich alle voll Freude sind. In schweren Zeiten ist das besonders wichtig, da wir sonst verzweifelt der Freude nachjagen und sie auf Knopfdruck spüren wollen, doch stattdessen nur frustriert werden oder gar uns und anderen die Schuld dafür geben. Freude lässt sich nicht anknipsen wie elektrisches Licht. Sie ist eher wie das Licht einer Kerze, klein erst, wachsend, flackernd irgendwann und strahlend. Der Advent ist die Zeit, in der unsere Freude langsam wachsen sollte. Und wenn sie es nicht tut, zwingen wir weder uns noch andere, uns auf Knopfdruck zu freuen an Weihnachten. Aber auch wenn wir die Freude nicht einfach machen können, so können wir uns doch für die Freude entscheiden. Wir können uns entscheiden, ob wir unserer Frustration nachhängen und uns in sie vergraben, oder ob wir uns für die Freude öffnen wollen. Wir können nicht die Weihnachtsfreude vom letzten Jahr kopieren. Aber es ist möglich, mitten in den Sorgen dieses Jahres das Herz zu öffnen für die Freude. Die Freude ist die Antwort auf eine gute Nachricht, auf ein schönes Ereignis oder Erlebnis. Die gute Nachricht an Weihnachten ist: Mitten in der Nacht wird der Heiland geboren, der meine Wunden heilt, der Messias, der mich aus der Enge in die Weite, aus dem inneren Gefängnis in die Freiheit führt, und der Herr, der in mir milde herrschen möchte, damit ich nicht mehr beherrscht werde von den Erwartungen der Menschen und auch nicht von den eigenen Bedürfnissen. Wenn wir uns in der emotionalen Situation, in der wir uns gerade an diesem Weihnachtsfest vorfinden, dieser Botschaft öffnen, dann wird in uns eine Ahnung von Freude aufsteigen. Wenn wir sie zulassen, wird sie sich auch den anderen mitteilen. Vertrauen wir darauf, dass dieses Weihnachtsfest mit seinen Dunkelheiten und Bedrängnissen doch Licht in uns aufleuchten lässt, dass es in uns Frieden wird, und so miteinander in Frieden das Fest feiern, und dass die Freude in uns aufsteigt und alle Trübsal in uns vertreibt. Öffnen wir den Freiraum, in uns und in unseren Häusern, Wohnungen und Zimmern für den Frieden und für die Freude.

Maite Kelly

Mit Gelassenheit bringen wir Weihnachten und vor allem die Vorweihnachtszeit selten in Verbindung. So viele Termine, Abschlussfeiern, Kinderfeste, Prüfungsvorbereitungen, Veranstaltungen stehen an. Ein voller Terminkalender und eine lange Liste an Wünschen und *To-dos*. Das Paradoxe daran: Gerade die Vorbereitung kann uns helfen, die Weihnachtsfeiertage gelassen zu feiern.

Ob wir es Vorweihnachtszeit nennen oder Advent, ist im Prinzip egal. Es geht darum, dass wir nicht einfach in die Feiertage taumeln, raus aus dem ganzen Stress und rein in Tage, die oft mit Erwartungen überladen sind. Ein Welthit-Produzent hat mir einmal gesagt, man könne beim Produzieren von Hits alles auf Knopfdruck machen, nur: Es gibt für alles Knöpfe, aber nicht fürs Gefühl. Das stimmt. Und an Weihnachten können wir die ganze Wohnung geputzt und geschmückt, den leckersten Braten zubereitet, eine tolle Messe ausgesucht haben. Das Gefühl muss vorher schon beginnen zu entstehen. Dafür brauchen wir Zeit.

Ich weiß natürlich aus meinem Alltag selbst, dass ausgerechnet sie fehlt in den Tagen vor Weihnachten, die Zeit. Ich bin gespannt, ob das in diesem Jahr anders sein wird, wenn viele Weihnachtsfeiern, Christkindlmärkte oder gemeinsames Plätzchenbacken ausfallen. Vielleicht entsteht allein dadurch – bei aller Trauer darüber, dass diese wunderbaren Gelegenheiten, Menschen zu treffen, fehlen werden – etwas Freiraum, um unsere Zeit zu nutzen. Seit Jahren rufen wir nach Entschleunigung, gefühlt kommt keine Adventspredigt ohne den Hinweis darauf aus, lässt sich kein Lifestyle-Magazin es nehmen, Tipps für die wahlweise achtsame, entschleunigte oder entspannte Vorweihnachtszeit abzudrucken. Mit Recht. Und es wäre wunderbar, wenn ausgerechnet diese Corona-Zeit, die uns äußerlichen Stillstand aufzwingt, uns innerlich dazu bewegt, uns mehr vorzubereiten. Es ist die Möglichkeit, aktiv zu sein und unsere Zeit zu gestalten, anstatt passiv durch die Tage auf Weihnachten hinzuleben.

Bei uns haben wir schon länger eine kleine Familientradition, unser *Family Meeting.* Wir treffen uns regelmäßig, um uns auszutauschen, manchmal nutzen wir die *Tea Time*, auch so ein Familienritual. Meine Kinder haben ein kleines Büchlein. Wenn sie Erlebnisse haben, ihnen Dinge auffallen oder sie bestimmte Sachen beschäftigen und wir aufgrund des Alltags einmal nicht dazu kommen, sie zu besprechen, können sie all das dort eintragen. Das hilft. Denn oft passiert so viel, dass wir gerade die Dinge vergessen, die scheinbar warten können, aber eigentlich wichtig sind. Mit Hilfe unserer Notizen können wir solche Gedanken für unser Meeting festhalten. Für uns unglaublich hilfreich: Dieses Treffen hat eine feste Struktur. Das gilt für mich und meine Kinder, aber auch meine Mitarbeiter und das Meeting mit ihnen. Egal ob als Mitarbeiter oder Familie, wir starten mit einem Gebet, danach einem Lob. Was hat eine andere, ein anderer gut gemacht? Das Gebet und das Lob öffnen die Atmosphäre, auch wenn das manchmal, wenn es vorher Zoff gab, gar nicht so leicht ist. Danach sprechen wir darüber, was passiert ist und was ansteht. Welche Termine wir haben und welche Baustellen. Worauf wir verzichten können. Wir beenden unsere Runde damit, dass wir uns gegenseitig erzählen, was gut in dieser Woche war, und mit einem Dank. Sitze ich mit meinen Kindern zusammen, sprechen wir natürlich noch über andere Dinge. Wir haben einen Leitfaden, der uns wichtige Fragen stellt, die wir uns sonst in der Hektik des Alltags nicht stellen würden. Diese Fragen helfen uns, achtsam zu sein gegenüber uns selbst, unserer Familie, unseren Freunden. Es sind solche Fragen:

1. Was waren drei bis vier besondere Ereignisse?
2. Was braucht ihr?
3. Wie können wir helfen?
4. Was könnte uns helfen?
5. Habt ihr Ängste?
6. What have we done for more self empowerment? (ja, wir mischen Englisch und Deutsch. So sprechen wir in der Familie und unser Meeting soll authentisch sein)

Wir stellen uns noch weitere Fragen, das sind nur einige Beispiele. In der Corona-Zeit scheinen mir diese Fragen teilweise noch aktueller. Ich glaube, sie können jeder und jedem helfen, ob Oma, Enkel, Tochter oder Freund, Familienvater oder Single, ins Gespräch mit sich selbst und anderen zu kommen. Die Wochen vor Weihnachten wären dafür perfekt. Sich selbst diese Fragen zu stellen, gerade mit Blick auf die Feiertage. Fragen wir doch: Was brauchen wir, um trotz allem zu feiern? Wovor haben wir Angst, wenn wir an Weihnachten denken? Wie können wir helfen, damit es ein Fest des Friedens und der Freude wird? Wir werden möglicherweise nicht immer Antworten finden, vor allem nicht sofort. Doch wir bleiben offen dafür, dass solche Antworten wachsen oder manchmal auch ganz überraschend gefunden werden.

Alle Fragen können uns im Blick auf Weihnachten helfen. Eine sorgt im Gespräch mit meinen Kindern immer wieder für Überraschungen, die Frage nach dem Verzicht. Wir fragen uns nicht nur, wie wir Heiligabend und die Tage danach verbringen, was wir essen, hören, wie wir das Haus schmücken wollen. Wir fragen uns auch, worauf wir verzichten werden. Was brauchen wir nicht, an diesem Weihnachten oder grundsätzlich? In dieser Corona-Zeit bekommt diese Frage eine ganz neue Aktualität: Wir werden ein anderes Weihnachten haben, worauf können wir also verzichten und worauf nicht? Und: Was ist für uns wesentlich, was macht Weihnachten für uns als Familie aus – was ist Weihnachten für uns?

Wir brauchen keine Sorge zu haben, dass Kinder solche Fragen nicht verstehen oder keine Lust darauf haben. Ich habe die Erfahrung gemacht, dass zur Weihnachtszeit als Vorbereitung die Einbeziehung der ganzen Familie sehr wertvoll und kostbar ist. Und selbstverständlich sind andersherum diese Fragen nicht auf Kinder oder auf Familien beschränkt. Wir können sie auch in einer WG stellen oder für uns alleine. Gerade wenn wir allein sind, ist die Frage nach unseren Ängsten und nach dem, was wir für Weihnachten brauchen, ein erster Schritt, um nicht allein damit zu bleiben. Einsamkeit entsteht oft auch dadurch, dass wir uns niemandem anvertrauen, besonders an Feiertagen, wenn man vielleicht auch andere nicht mit seinen Sorgen und Problemen und seinem Alleinsein »belästigen« will.

Die Frage nach dem Verzicht hilft uns auch noch in einer anderen Hinsicht: Mit den Erwartungen gut umzugehen. Wir tauschen uns darüber aus, was jeder von uns und wir als Familie und zusammen mit unseren Freunden wirklich an Weihnachten brauchen. Wir versuchen, ehrlich zu sein, sodass einerseits keine Erwartungen unbeachtet bleiben, dass wir voneinander wissen, was wir an diesen Tagen brauchen. Andererseits ist es eine gute Möglichkeit, sich vor Erwartungs-Projektionen zu schützen. Die Kinder, dass sie wissen, dass es bestimmte Sachen geben wird und bestimmte nicht. Wir Eltern, dass wir nicht noch ein Geschenk und noch ein Geschenk aussuchen, uns völlig verrennen mit Deko und Essen, weil wir nicht merken, dass das zu viel ist. Die Frage danach, auf was wir verzichten können und auf was nicht, ist letztlich auch der Schlüssel zu einem entscheidenden Prinzip, für Feste allgemein und besonders für Weihnachten: *Keep it simple*!

Diese Form von Erwartungsmanagement, wie es so schön technisch heißt, ist effektiv. Erstaunlicherweise entspannt mich dabei nicht zuletzt die Erinnerung an Ereignisse, die objektiv betrachtet schiefgegangen sind oder bei denen etwas nicht geklappt hat. Ich erinnere mich zum Beispiel an ein Weihnachten vor Jahren mit meinen Brüdern und Schwestern in Irland. Wir waren auf dem Höhepunkt unseres Erfolges, hatten eine tolle Villa in Cork, mein Vater kam extra eingeflogen. Wir hatten tolle Weine, eine riesige Gans als Braten, viel zu groß. Gegen sechs am Morgen schob ich den Braten in den Ofen, ich weiß gar nicht mehr, weshalb, es war mehr eine Intuition. Am Vormittag begann ein Sturm erst aufzuziehen und dann loszubrechen. Mein Bruder rannte los, um den Nachbarn zu helfen, die Schafe einzutreiben, das völlige Chaos. Plötzlich tat es einen Schlag, der Strom war ausgefallen. Ich rannte, es war gegen zwölf am Mittag, zum Ofen und holte den Braten heraus – er war perfekt! Aber was sollten wir mit dem Rest des Essens machen? Und wie sollten wir das Haus warmhalten, es wurde langsam eisig, und wir hatten kein Strom. Meine Brüder hatten die Idee: Lagerfeuer! Wir kannten das noch aus unserer Kindheit in Spanien, manche Instinkte bleiben für immer, und so zündeten wir im Kamin ein Feuer an und waren einfach zusammen. Das großartige, pompöse Dinner war ausgefallen, objektiv gesehen unser Fest ein Desaster. Doch es war großartig. Am nächsten Tag, noch immer funktionierte der Strom nicht, luden uns die Nachbarn als Dank für unsere Hilfe beim Schafe-Eintreiben in den Pub ein. Der hatte einen Generator und war der einzige Ort mit Strom. Wir feierten zusammen, sangen gemeinsam. Bis dahin hatten wir fast keinen Kontakt mit den Leuten in unserer Umgebung gehabt, waren isoliert gewesen. Doch das Weihnachtschaos brachte uns zusammen und raus aus der Isolation – bis heute ist das eines der schönsten Christmas-Erlebnisse meines Lebens. Wir wurden aus der Bahn ins Leben geworfen.

Corona hat uns ebenfalls aus der Bahn geworfen und es wird auch unser Weihnachten aus der Bahn werfen. Ich frage mich: wohin? Ins Leben, wie damals? Vermutlich nicht in der Form, dass wir mit vielen Fremden in einem Pub singen und tanzen können. Vielleicht werden wir nicht einmal in solch einem großen Familienkreis zusammenkommen dürfen. Und dennoch ist diese Erfahrung, die schon Jahre zurückliegt, für mich ein Beweis dafür, dass auch aus Chaos etwas Wunderbares entstehen kann. Dass wir unsere Erwartungen einerseits herunterschrauben dürfen und trotz allem erwartungsvoll sein können. Beides schließt sich gerade nicht aus: Die schwangere Maria war ja vor Weihnachten, wie man im Deutschen so schön sagt, in »froher Erwartung«. Und das, obwohl sie ihr Zuhause verlassen und auf Reisen gehen musste. Wir müssen Weihnachten nicht mit Erwartungen überfrachten und dürfen zugleich in froher Zuversicht, erwartungs- und hoffnungsvoll auf diese Tage warten und zugehen.

Ein kluges Erwartungsmanagement ist mit Blick auf Maria und Joseph und die Geburt Jesu ein wichtiger Aspekt der Weihnachtsgeschichte. Mehr noch: Die Bibel generell ist der beste Beweis, dass Gott keinen Perfektionismus fordert. Der Mensch ist von vorneherein Sünder, existenziell alles andere als perfekt, und erfüllt ständig Erwartungen nicht. Die Bibel ist das Buch der zweiten Chancen. Wir finden in der Bibel zahlreiche Stellen dazu, und das entlastet enorm. Gott hat nicht die Erwartung, dass wir alle Erwartungen erfüllen. Und selbst wenn wir uns die Episoden über die biblischen Feste anschauen, dann muss man doch sagen, dass da so einiges nicht klappt. Wenn auf einer Hochzeit plötzlich der Wein alle ist, dann mag es eine rauschende Party sein, aber auch keine besonders gute Planung. Weihnachten selbst war alles andere als ein Wunsch-Setting für einen Geburtstag – das ist es ja letztlich, die Geburtstagsfeier Jesu.

An Weihnachten geht es nicht um Perfektionismus: Das ist für mich das, was die Weihnachts-Gelassenheit ausmacht. Sie beginnt zu wachsen im Advent, durch die Vorbereitung. Wir dürfen gelassen sein, weil wir hineinwachsen in das Weihnachtserlebnis und nicht die Sorge haben müssen, hineinzustolpern. Weil oberflächliches Chaos nicht bedeutet, dass ein Fest nicht unvergesslich und tiefe Erfüllung sein kann. Wir kennen das ja sicher alle: Wenn die Gastgeber direkt nach dem Essen aufspringen und alles abräumen, die Soßenflecken vom Tisch wischen und die Krümel auf dem Boden zusammenkehren, dann ist das der absolute Stimmungskiller. Stellen wir Teller beiseite, machen Platz für Gläser und für Ellenbogen auf dem Tisch, für vorgebeugte Schultern und Köpfe, darum geht es. Lassen wir doch erst einmal Flecken Flecken und Krümel Krümel sein. Und wenn Geschenkpapier am Boden liegt, der Kumpel wie immer das Wachs von Kerzen abkratzt, der Weihnachtskuchen mit den Händen gegessen wird, dann genießen wir das. Das ist unperfekt perfekt!

Erfahrungen wie damals im Sturm sind Weißt-du-noch?-Erinnerungen. Bis heute erzählen wir in der Familie davon: Weißt du noch, als ...? Solche Weißt-du-noch?-

Momente sind für Kinder pädagogisch unglaublich wertvoll, letztlich für jeden Menschen. Dieses Corona-Weihnachten wird ganz sicher Weißt-du-noch?-Erinnerungen hinterlassen. Wir werden auch negative machen. Doch wir dürfen auch gelassen sein. Gelassenheit beinhaltet auch das Wort *lassen*, *let it be*. Lass es sein und vertrau darauf, dass sich solche Weißt-du-noch?-Momente ergeben werden. Dass wir uns dafür vorbereiten können und öffnen sollten, sie aber zugleich nicht erzwingen müssen. Wir sind nicht die Hauptverantwortlichen an Weihnachten, das ist für mich eine der ultimativen Botschaften dieser Tage. Die Menschen konnten nichts dafür, dass an diesem Tag Gott in die Welt kam. Nicht nur, dass es niemand verhindern konnte; es hätte auch niemand erzwingen können. Das befreit total und schenkt Gelassenheit. Gelassenheit, dass wir letztlich an jedem Weihnachten – und so auch in diesem Jahr – neben Ostern den wichtigsten Weißt-du-noch?-Moment unserer Geschichte feiern. Und das bei einem Geburtstagsfest, bei dem eigentlich ziemlich viel schiefging – oder eben auch nicht.

Über die Autoren

Anselm Grün, Dr. theol., geb. 1945, Mönch der Benediktinerabtei Münsterschwarzach, geistlicher Begleiter und Kursleiter in Meditation, Fasten, Kontemplation und tiefenpsychologischer Auslegung von Träumen. Seine Bücher zu Spiritualität und Lebenskunst sind weltweite Bestseller – in über 30 Sprachen.

Sein einfach-leben-Brief begeistert monatlich zahlreiche Leser (www.einfachlebenbrief.de).

Maite Kelly, geb. 1979, ist Sängerin, Produzentin und Autorin. Sie ist das zweitjüngste Kind der Kelly Family und wurde als Sängerin der Familienband berühmt. Heute ist sie als Solokünstlerin erfolgreich, ihre letzten beiden Alben erreichten Platin-Status, ihre Konzerte sind ein Entertainment-Erlebnis der besonderen Art. Aktuell sorgt sie als Jurorin bei DSDS für Furore und ist zudem als Bestsellerautorin bekannt.

Simon Biallowons, geb. 1984, ist studierter Philosoph und Absolvent der katholischen Journalistenschule ifp. Er arbeitete als Korrespondent in Rom, lebte im Nahen Osten und berichtete als Reporter für verschiedene Medien aus vielen Ländern. Biallowons ist Verfasser mehrerer Bestseller und derzeit Cheflektor und Geschäftsleiter des Herder Verlages.